湛庐CHEERS

与最聪明的人共同进化

HERE COMES EVERYBODY

# 乐高工作法实战手册

# SERIOUSWORK

[英] 肖恩·布莱尔
[爱沙] 马尔科·里洛 等著

SEAN BLAIR
MARKO RILLO

瞿韵 麻晓晴 译

天津出版传媒集团
天津科学技术出版社

**上架指导：企业管理**



**图书在版编目（CIP）数据**

乐高工作法实战手册 / ( 英 ) 肖恩 · 布莱尔 , ( 爱沙 ) 马尔科 · 里洛著 ； 瞿韵 , 麻晓晴译 . -- 天津 ： 天津科学技术出版社 , 2021.10
书名原文 : Seriouswork
ISBN 978-7-5576-9610-8

Ⅰ . ①乐… Ⅱ . ①肖… ②马… ③瞿… ④麻… Ⅲ . ①会议－组织－手册 Ⅳ . ① C931.47-62

中国版本图书馆 CIP 数据核字 (2021) 第 170364 号

---

乐高工作法实战手册
LEGAO GONGZUOFA SHIZHAN SHOUCE
责任编辑：刘　鹣
责任印制：兰　毅
出　　版：天津出版传媒集团 / 天津科学技术出版社
地　　址：天津市西康路 35 号
邮　　编：300051
电　　话：( 022 ) 23332377 ( 编辑部 )
网　　址：www.tjkjcbs.com.cn
发　　行：新华书店经销
印　　刷：北京盛通印刷股份有限公司

---

开本 710 × 890　1/12　印张 21　字数 181 000
2021年10月第1版第1次印刷
定价：159.90元

MPI

ÎLE-DE
PARIS
FRANCE

# 合作伙伴

《乐高工作法实战手册》第 6 章有 9 位作者参与撰写。

卡米拉 · 诺加德 · 詹森
（Camilla Nørgaard Jensen）

迪特尔 · 鲁瑟
（Dieter Reuther）

克里斯蒂娜 · 奈瑟尔
（Kristina Nyzell）

梅塞德斯 · 霍斯
（Mercedes Hoss）

林金邦
（Kim Pong Lim）

派翠娅 · 贝尔蒂尼
（Patrizia Bertini）

伊莱 · 德 · 弗兰德
（Eli de Friend）

玛丽亚 · 斯达辛克
（Maria Stashenko）

奥利弗 · 克纳普曼
（Oliver Knapman）

# 目 录

# 测一测

## 你对乐高工作法了解多少

1. 下列关于乐高工作法的说法，正确的是（ ）（多选）

   A. 乐高工作法是一种系统化的方法，使人们能够使用乐高®积木来解决问题、探索想法和实现目标

   B. 乐高工作法是一套结构化的流程，能让参与者通过一系列步骤进行思考、构建、讲故事、反思和提炼，从而对眼前的问题达成共识

   C. 乐高工作法实现了 3 种交流模式：视觉、听觉和动觉

   D. 乐高工作法是一种民主的、包容的、有趣的、目标驱动的和建设性的参与式领导模式

2. 乐高工作法基于领导力和组织能力方面的哪些信念（ ）（多选）

   A. 领导者并非无所不知，成功需要所有的声音

   B. 人们希望做出贡献、参与和承担责任

   C. 允许每个人做出贡献，这样做可以创造更多可持续的业务

   D. 通常，当团队工作方式令人满意时，团队的智慧才能被充分挖掘

3. 实施乐高工作法时，常见的失误有（ ）（多选）

   A. 不清晰的目标

   B. 糟糕的问题设计

   C. 过于狭小的空间

   D. 布置场所的时间不够

扫码获取测试题答案。

# 前 言

## 乐高工作法，一个伟大创意的诞生

当初没有人预测到乐高工作法[①]会如此成功，甚至连创造它的人也没能想到。这其中最惊讶的也许莫过于这家玩具公司的管理层了。直到 2018 年初，这家公司还是以销售乐高 ® 主题玩具套装而被世界所熟知的。

然而，一个由乐高 ® 集团在 20 年前做出的决定却开始产生让人始料未及的效果。

1996 年，这个由约翰 · 鲁斯（Johan Roos）和巴特 · 维克托（Bart Victor）提出的疯狂想法开始帮助人们用崭新的方式看到、沟通并理解问题。

数以万计的人开始使用乐高工作法。这种方法结合了更高层次的人际沟通过程中的智慧以及脑科学进步所产生的洞见，它十分强大。

人们终于开始了有明确目标的对话。领导者能够让他们的团队充分参与并保持专注。每个人都能够讲述含义更加深刻的故事，还能表达更有深度的想法和观念，能使用更生动的隐喻来引发听众的情感共鸣。

他们开始理解自己强烈愿望背后的结果。他们能全面地看待和理解那些复杂的系统。

乐高工作法变成了一种正统的工具，且越来越广泛地得到使用，这让更多人可以用它来系统地探索目标、愿景并制订计划。

反过来，这些乐高 ® 模型会与人们沟通，当然，并不是真的说话，而是人们可以依据这些模型充分地探询和认识他人的见解，甚至在这个过程中他们将如何彼此影响也变得一览无余。

那些复杂的互联系统通过模型呈现出来，这也让我们看到了以前从未观察到的结果。这使人们坦诚地对最根本的问题做到了最充分的交流。

乐高 ® 模型为那些无形的想法、态度、影响乃至信念赋予了可见的形态，并且成了前沿的规划流程中不可缺少的语言和方法。

乐高工作法变得和记号笔、翻页板一样普遍。乐高 ® 积木变得随处可见，你可能会在管理层的办公室里看到它们，也可能会在企业教练和咨询师的手边看到。除此之外，教师、培训师、政府管理人员、研究员、科学家、治疗师、思想家、发明家和工程师都有可能用到它们。每一个需要与其他人共同思考的人都有可能拥有这些积木。

当年那些创造了1996 年版乐高工作法方法论的开拓者，那家不断推进这一方法的发展并将之变为开放资源的公司，还有那成千上万将这一方法发扬光大的实践者，当初有谁能预料到今天的到来呢？

---

① 乐高工作法指的是乐高®认真玩®（LEGO® SERIOUS® PLAY®）这一方法。它是一种强调“手动思考”的创意启发工具，通过利用乐高®积木来启发和培养创造力。—编者注

# 引 言

## 乐高工作法，认真玩就是认真工作

2016 年是乐高工作法蓬勃发展的一年。

儿童玩具是如何变成严肃的战略工具，又是如何被世界知名机构接受并使用的呢？乐高工作法与你的工作又有何关联呢？

《乐高工作法实战手册》[①]是为那些时常主持会议的人所写，也是为那些正在寻找创新方法以让团队协作更加顺畅的人所作，这些人包括领导者、管理者、引导师以及企业教练。

乐高工作法的故事始于 1996 年，瑞士洛桑国际管理发展学院（IMD）教授约翰·鲁斯和巴特·维克托创立了认真玩®的概念和流程，来帮助管理者更好地描述、创造以及挑战他们的业务观点。而乐高®元素的加入则是源于乐高®集团 300 位高管在 IMD 参与的一个培训项目。

1998 年，鲁斯和维克托将他们的初步构想发表在了 IMD 一篇题为“寻求原创战略：不如来点认真玩？”的短文里。

乐高®集团在这场培训中获得了认真玩®的初步成果，于是，当时的首席执行官克伊尔德·科克·克里斯蒂安森（Kjeld Kirk Kristiansen）赞助成立了一家名为 Executive Discovery 的公司，来发展认真玩®项目。于是，维克托便开始在这家公司主持认真玩®系列的产品开发和商业化运作流程。随后，他邀请到了乐高®集团的罗伯特·拉斯穆森（Robert Rasmussen）和范德堡大学的戴夫·欧文斯（Dave Owens）教授来协助自己将第一批产品推向市场。乐高®认真玩®产品最早的应用被称作实时策略（Real-Time Strategy）。

自此，乐高®认真玩®逐渐发展成为一种咨询方法，并被当时很多成功的大型跨国企业接纳、使用，其中包括戴姆勒·克莱斯勒公司、罗氏集团、特百惠、诺基亚、南非米勒酿酒集团（SABMiller）和 Orange 公司。

与此同时，鲁斯和克里斯蒂安森先生也共同建立了名为“想象力实验室”的研究团队，这个位于瑞士的智囊团在 2001—2006 年共发表了 74 篇研究论文、若干篇期刊文章以及 4 部专著。

历经 15 年的发展，乐高®认真玩®方法的结果如何呢？

它成为一个基于管理理论[②]的强大方法，不仅可以用来解决问题、探索新想法，更能帮助人们实现目标。

2010 年，乐高®集团将这一方法变成了开放的共享资源。这一决定催生了一个实践者群体。今天，我们不难发现，乐高工作法在各行各业开启了更多的创新应用。

---

① 本书中的乐高®和乐高®认真玩®的标识是乐高®集团2015年的版本。本书不是由乐高®集团承保、授权、赞助出版的。乐高®积木、乐高®机械®组和乐高®人仔®系列的标识是乐高®集团2015年的版本。

② 建构主义（Piaget 1951），建构主义（Harel & Papert 1991），复杂适应系统理论（Holland 1995），自动生成认识论（von Krogh & Roos 1994; 1995）。

## 乐高工作法概述

**《乐高工作法实战手册》旨在让你了解如何主持和引导基于乐高工作法的工作坊。**

《乐高工作法实战手册》是一本教你“怎么做”的实用工具书，书中提供了详细的案例分析、分步指南和各种场景中的模板。这些都是从一系列通用一级模型的应用中总结而来的，你可以根据自己的需求调整使用。

本书适用于那些寻求促进团队合作的领导者、管理者、引导师、企业教练和业务拓展专业人员。

**要想成为一名高效且专业的乐高®认真玩®引导师，就需要不断通过实践来学习，而参加培训课程是掌握本书所示技能的唯一途径。**

但是，我们希望本书能为你提供足够的基础知识来了解和尝试最基本的乐高工作法所需的技巧：引导目标设定和创意激发工作坊；利用愿景共创、价值观与行为探索工作坊探索团队状态。

我们生活在一个复杂且充满挑战的时代，技术、环境、社会和政治环境的变化都要求我们能更好地理解所有决策背后的系统性结果。

乐高®积木被普遍认为是儿童玩具，但它能让团队更有效地沟通，能用来探索复杂的组织问题，在运用第三级别构建能力时还能产生更多意想不到的效果。

本书还有一个更大的目标：**推动乐高工作法这个高明又强大的方法得到更多认可和更广泛的使用。**

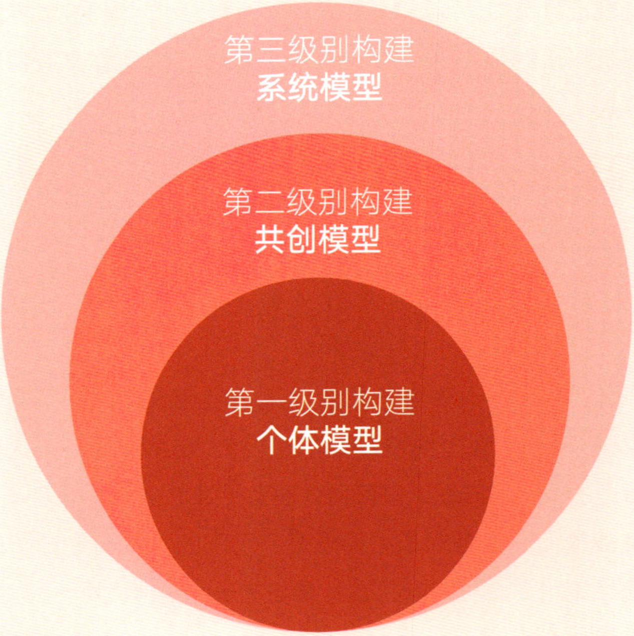


**乐高工作法三级构建能力**

本书主要侧重于第一级别构建：**搭建个体模型。**

“简单指导原则”模型（上图）和“价值观”模型（下图），于伦敦 Manifesto 数字公司的工作坊中搭建。

这样的工作产出是通过参与者将想法变成现实而创造出来的。**具体操作流程请见第 5.5 节。**

购买本书和使用乐高工作法可以帮助你了解工作中的挑战，反过来，你也在帮助一个流程工具获得其应有的认可，这是一个会让你后悔没有更早了解它的强大工具。感谢你加入我们的探索之旅。

乐高工作法最早是在 20 世纪 90 年代中期由鲁斯教授和维克托教授创建的，它是一种能让管理者更好地描述、创建和挑战他们的业务观点的方法。

如今，乐高工作法已被世界各地的许多组织和机构采用，其中包括：空客、富士通、丰田、可口可乐、联邦快递、谷歌、万事达卡、微软、NASA、东风日产、辉瑞、宝洁、塔吉特、联合利华、威特罗斯（Waitrose）、Telia 电信和世界银行集团，哈佛大学、麻省理工学院、剑桥大学、IMD 和牛津大学等众多知名大学，欧盟、联合国教科文组织、联合国开发计划署等国际组织以及丹麦、爱沙尼亚、土耳其和英国等国家政府机构……

### 什么是乐高®认真玩®？

如果你向不同的人询问什么是乐高®认真玩®，那很有可能会得到不同的答案。原因何在？因为它就像是很多东西放在了同一个包裹里。

乐高®认真玩®是：

- 一种系统化的方法。使人们能够使用乐高®积木来解决问题、探索想法和实现目标。
- 一套结构化的流程。让参与者通过一系列步骤进行思考、构建、讲故事、反思和提炼，从而对眼前的问题达成共同的理解。
- 一种交流工具或语言。它实现了 3 种交流模式：视觉、听觉和动觉。这些模式可以增强表达能力、促进聆听和强化记忆。
  共创模型的搭建能让团队成员理解彼此的主张，并能为关键想法创造更有深度的共同含义。
- 一项服务。它是一项由训练有素的引导师、培训师或企业教练提供的服务，他们将乐高®积木与其他材料或工具结合起来，帮助个人或团队实现目标并创造成果。
- 一个框架。作为一个框架或者说哲学理念，乐高®认真玩®是一种民主的、包容的、有趣的、目标驱动的和建设性的参与式领导模式。
- 一条产品线。它也是乐高®集团拥有专利和注册商标的产品线。乐高®集团及其子公司 Executive Discovery 于 2001 年初获得专利，并将其作为“一个强化创造性思维、沟通、决策和战略规划的程序、方法和材料”。
- 一个会议工具。有些乐高®认真玩®工作坊需要 5 天时间来举办，它可以激发大小团队中人员的活力，这种变化可以通过长达数天的工作坊，也可以通过短短 10 分钟的简短干预实现。

### 乐高®认真玩®，一个提高创新能力和绩效的过程。

研究[①]显示，这种“动手、用心”的学习方式能让人们对世界及其可能性产生更深入、更有意义的理解。对于团队而言，乐高®认真玩®方法不仅能让每个人的反思更加深刻，还能使他们的沟通更加有效。

搭建模型的过程可能会引发更多更有价值、更真诚、更具洞察力的讨论。

搭建模型的创造性过程能促进大脑展开不同方式的运作，从而打开新的视角。

当参与者需要通过构建某个物体来表达他们认为的目前问题中最关键的部分时，职位权力可能带来的负面影响在讨论之前就已经被消除了，这让大家能更专注于想法本身，而不是个性或身份。

我们在工作中常常看到的讨论方式是：一个强势或者位高权重的人在一开始就确定了“关键问题”，然后接下来的谈话都是围绕这个“关键问题”展开的。

① Kristiansen & Rasmussen (2014) Building A Better Business Using The LEGO® SERIOUS PLAY® Method.

而在乐高工作法中，每个人都会搭建自己的模型，每个人都会与他人分享自己的想法，从而让会议更加民主，每个参与者都能获得平等的“阐述时间”。

事实上，在搭建模型和协作的过程中常常会产生一些深刻的见解，而这在一般的讨论中是很难看到的。

当我们赋予那些想象出来的内容以形状和形式时，也是在通过构建外化那些无形的概念，让我们的想法变得更加具体且容易分享。

这不仅有助于我们更好地反思自己的想法，而且更能让他人参与进来，和我们一同反思。

运用乐高工作法就像是在把想法 3D 打印出来一样。

那些乐高® 模型让其他人可以看到你的想法并有针对性地提出问题。

乐高工作法创造了一个充分动手参与的环境，在这种环境中，任何活动都是有意义的，个人能力与眼前的挑战是完全匹配的，每个人都拥有表达和交流新知识的工具。

## 本书的结构

作为一本教大家“怎么做”的工具书，《乐高工作法实战手册》不会过多地介绍这一方法的历史，也不会过多地介绍它背后的理论和科学思想①。

**在第 1 章，我们将介绍“参与式领导”，这是当今时代所需要的一种开明而有效的领导方式。**

请接受这样一种观点：引导性思维是参与式领导者的一种思维方式，它能帮助你带领一群聪明人去解决复杂的问题。

参与式领导者会花时间让大家合作以发挥出各自最大的作用，这其实已经表明参与式领导者具备了引导性思维。

这是支撑乐高®认真玩®方法论的一个重要思想，它平等重视团队中每个人的想法，鼓励思维的多样性和创造性，可以让参与者更系统地理解彼此的想法。

我们希望你在看到乐高®认真玩®这个名字时能理解，它并不只是乐高®迷们为之欢呼的时尚，它更是一种成为参与式领导者的方式。

另外，我们还将介绍“专业引导的基础知识”以及由国际专业引导师协会（International Association of Facilitators，IAF）推广的核心能力框架。

**在第 2 章，我们将介绍工作坊规划的关键步骤：目标设定。**

① Building A Better Business Using The LEGO® SERIOUS PLAY® Method by Rasmussen & Kristiansen.

明确工作坊的预期结果和目标。

这似乎很简单，但对专业的引导师来说，这个阶段往往是他们实际贡献价值的阶段，也是决定工作坊流程的主要阶段。

因为工作坊目标远比议程重要得多，我们希望你抛却传统的会议议程，用目标取代议程来推动会议。

**在第 3 章，我们将介绍所有乐高®认真玩®工作坊的核心理念和礼仪。**

我们还会讨论积木的问题，并告诉你在哪里、如何获取积木，以及你可能需要多少用量和哪些种类，以便你在不同类型的工作坊及参与者中都能收获最佳效果。

**在第 4 章，我们将展示乐高®认真玩®的 3 个基本技能，并告诉你如何向参与者教授它们。**

我们将介绍如何通过乐高®模型让参与者掌握模型搭建技术、隐喻和讲故事技能，以及如何促使参与者更好地分享和聆听。

这些技能将使参与者摆脱对使用这种新方法的顾虑或担忧，让他们可以仅凭几块积木就能有力地表达想法、概念、感受、事实、思考和见解。

**在第 5 章，我们将带你了解 5 个常见的工作坊应用实例。**

在每一个应用实例中，我们都会提供一个计划示例，这些例子都是从我们过去的真实项目中提炼出来的。我们会详细说明我们是如何准备、引导和跟进这些工作坊的。

这些案例能帮助你了解相关理论是如何在实践中应用的，以及它们创造了怎样的结果。你可以下载我们的模板，并根据自身需求调整使用。

**第 6 章，我们的合作伙伴将分享他们的故事、建议和经验，而这些都是从他们引导过的成百上千个乐高®认真玩®工作坊中总结而来。**

我们还会告诉你如何管理时间、防范常见错误以及如何录制乐高®认真玩®视频。

**在第 7 章，我们将提供关于如何成为大师实践者的建议，并帮助你在阅读这本书的同时察觉到自己的不足。**

我们为你介绍了 3 种技能提升方法和一个正在逐步壮大的乐高®认真玩®引导师社群。

按照上述顺序阅读是理解本书的最佳方式。许多在前面章节出现过的概念，在后面的章节中还会被反复引用。

Sharpie

第 1 章

# 乐高工作法，
# 引导所有人参与其中

SERIOUSWORK

Anette
Kirsten

# 参与式领导者的引导性思维

## 参与式领导——复杂世界中的领导范式

参与式领导模式建立在尊重和充分参与的基础上。

它建设性地将能量集中在每一次人与人的交流中。

它是一种更先进、更民主、更有效的领导模式。

它充分利用了多样性，建立了社群，并为行动创造了共同责任。

它深化了个体学习和集体学习，为两者带来了真正的发展和成长。

**本章目标：**

- 倡导将参与式领导当作一种能在复杂世界中领导聪明人的聪明方法。
- 表明引导性思维是参与式领导者采取的思维方式。
- 建议参与式领导者用乐高工作法来促进团队思考和合作。

## 参与式领导，更有效的领导模式

开一个大家不能参与或者不愿参与的会议，意义何在？

许多专业人士可能都有过“痛苦会议”的经历。在这些会议上，人们真正在想什么并不重要，或者，只有 20% 的人说了 80% 的话。

你参加过这样的会议吗？你知道我们在说什么吧？

坦白地讲，如果你曾遇到一个不欢迎你参与或者没有人引导你参与的会议，那不是因为你没有什么可以贡献的，而是因为你所能做的贡献在会议领导者的心目中不那么重要。

或者，你可以说他们不是参与式领导者。

参与是一种更好的方式。参与式领导，是在前所未有、加速变革的复杂世界中领导聪明人的一种聪明方法。

在过去 10 年里，整个世界变化的节奏非常快，将来甚至有可能会进一步加快。驱动并带来这些变化的则是层出不穷的技术革新、全球化影响下带来的经济增长、全球化本身的变化、环境压力，以及公众对于政治、社会和文化不断变化的期待和态度。

这意味着，没有一个领导者或管理者能够独自解决其组织所面临的所有问题。他们需要让自己的团队，让组织内外的相关人员和合作伙伴都参与进来。

换言之，他们需要引导所有相关群体都参与进来，朝着共同的目标努力。

然而，当代领导力文化中存在着普遍的参与问题。一些领导者可能会说他们欢迎坦诚的讨论，但他们真正的、往往无意识的“行动策略”[①]却是寻求控制和保护，这或许是因为他们害怕失去话语权或被当作不明事理的人。

“当代管理理论大师”克里斯·阿吉里斯（Chris Argyris）和唐纳德·舍恩（Donald Schön）[②]认为，虽然领导者的“信奉理论”是他们希望让他人参与，但在实际行动中他们的“使用理论”（theory in use）却是试图“控制和保护”[③]。

---

① 驱动行为的动机、价值观或理由。例如，如果我想改善自己的表现，我就会寻求并欢迎任何反馈。可如果我想让自己表现得仅仅看起来很好，我可能就会努力控制或限制负面反馈。

② 美国当代教育家，美国“反思性教学”思想的主要倡导人。他和阿吉里斯合著的组织学习领域的经典著作——《组织学习（完整纪念版）》，讨论了组织学习中的障碍和有效性等组织学习的难题，在案例的基础上给出了有效组织学习的切实可行的建议。其中文简体字版已由湛庐策划，即将由天津科学技术出版社出版。——编者注

③ Argyris & Schön,1974,Theory in Practice.

因此，一方面，当代领导者需要是清楚明确的、强大的和果断的；另一方面，由于当今世界的复杂性，他们又需要让更多的人参与进来，并对未知事物进行开放而坦诚的讨论。

许多领导者努力地想将这两个自相矛盾的目标有效地结合起来，但有些文化重视或培养的是“过度自信”和控制的表象，而不是一条更明智、更民主的联合探索和真正参与的路径。

痛苦的会议：

- 一位领导者召集了一次会议，只有几个人不停发言。
- 一些人忙着想其他更紧急的事。
- 一些人埋头于手机等移动设备中。
- 少数人之间偶有互动，但相较于主动参与者，被动参与者显然更多。没有人真正在听，也没人试着去理解他人的想法或观点。

组织研究人员之所以会将会议列为当今团队效率低下的最严重根源，是有充分理由的。

首先，大多数人都没有接受过关于如何引导或参与会议的正式培训。会议目标也往往不明确，有时受邀的参与者可能并不符合会议目标。会议上的行为准则往往是基于个人的理解来发挥作用的。在最糟糕的情况下，负面或者惩罚性文化甚至还会把人性糟糕的一面呈现出来。

其次，会议流程往往不明确，“讨论”只是默认的信息交换模式，这一点非常糟糕。这就是痛苦的会议，可能很多人都亲身经历过。不过，这一切都可以通过参与式领导模式来避免。

**乐高工作法理念的基础就是参与式领导。**

尽管《乐高工作法实战手册》并不是一本关于领导力的书，但我们还是想简单说明为什么乐高工作法有助于解决这些常见的领导陷阱。

乐高工作法是一种民主的、参与式的方法，它能让所有参与者在集体探讨所有观点的共同含义之前，先主动地独立思考，再讲述各自想法背后的故事。

在搭建更高等级的乐高®认真玩®模型时，还要考虑到所有相关的“推动者”或影响因素，并将他们融入模型之中。

乐高工作法能帮助大家探索意想不到的结果并发现其中的规律，从而使制定行动方案和理解适当的指导原则变得更容易。

所有这些都来自一个被认为是玩具的产品，并且已经发展出新的用途。

这就好比万维网的发展，它最初是为了促进研究人员之间的信息共享和更新而被设计出来的。

在 1989 年的时候，谁又能想象得到，一个极客学术信息交流工具会像今天这样得到应用呢？

万维网不再仅仅被学术界使用，同样，乐高®积木也找到了在严肃工作中的应用方式。

一个为“玩”而设计出来的产品，在严肃的工作中找到了它的强大应用方式。

**乐高工作法是一项认真的工作。**

有些人在听到“乐高工作法”这个名字时可能会急着下判断，认为这又是最新的管理噱头。这可以理解，我们举办的很多工作坊在开始时，不少参与者的肢体语言就是这样表明的。

尽管在参加工作坊的过程中，参与者的内心时有挣扎，但绝大多数持怀疑态度的人在体验到乐高工作法的力量后会转变想法。

所以，影响这个工具充分发挥作用的一个限制就是对其名称的错误感知。当然，这也是能够理解的。

是的，应用乐高工作法的过程会用到乐高®积木。

是的，这个过程对“玩家”来说是非常具有吸引力的。当然，它也完全聚焦在重要的组织问题上。

但它并不是“在公司玩玩具”，而是真正地认真工作，这也是本书名字 *SERIOUSWORK* 的由来。

## 参与式领导者的引导性思维

一个人控制所有信息流的日子已经一去不复返了。正如阿吉里斯和舍恩所指出的那样，这种行为可能是在无意识或不自觉的情况下发生的。

当领导者在会议的讨论过程中过于占据主导地位时，他们往往会无意识或不自觉地导致他人闭口不言，并且让很多信息被隐藏了起来。

一马当先、控制局面、自信、果敢、观点清晰，这些通常都被认为是优秀领导者的优良品质。

然而，这些品质也可能会带来负面评价，比如强势或固执己见等。

**参与式领导者在会议中所扮演的角色与上述领导者是有所不同的。**

参与式领导者通常采取的是以询问和探索为基础的行为。

参与式领导者不会告诉大家该做什么，而是帮助大家理解当前的问题，并引导大家自己找出适合当下情况的最佳解决方案。

他们不会对团队成员发号施令，而是在成员之间共享信息、促进团队共同学习。

他们不会提供行动计划，而是鼓励和支持同事学习成长。

他们不会让人们沿着既定路径前进，而是会给大家时间来进行反思，并让大家找出自己的解决方案。

参与式（或引导式）领导创造了一种条件，能够让学习方式各不相同的员工，包括行动派、反思者、理论家和实用主义者[①]，作为个体或作为团队中的一员和谐地参与到话题中。

这是一种可以习得的技能，在学习的愿望以人们内心真正持有的价值观为支撑时最容易习得。

支持引导性思维的核心价值观是从内心深处渴望真正的、广泛的团队参与。

无论持有观点的人有怎样的情绪，或群体成员有多么不同和多样化，都关心且有兴趣了解每个人的真正想法。

事实证明，乐高工作法在促进参与方面相当出色。

## 用乐高®引导团队共同思考和合作

**乐高工作法是一种参与式工具。**

乐高工作法基于领导力和组织方面的 5 种信念：

- 领导者并非无所不知。成功需要所有的声音。
- 人们希望做出贡献、参与和承担责任。
- 允许每个人做出贡献，这样做可以创造更多可持续的业务。
- 通常，当团队工作方式令人满意时，团队的智慧才能被充分挖掘。
- 我们生活在一个复杂的自适应世界中，我们需要系统地看待它。

这 5 个信念是在乐高®认真玩®方法开发过程的早期建立的。

这些信念也恰巧与我们对参与式领导的信念产生了强烈的共鸣。

企业里不乏一些流行但往往毫无意义的“措辞”。

为了确保“参与式领导”不会成为又一个毫无意义的口号，让我们在规划、领导或引导参与式会议的行动中，着重看一看它实际意味着什么。

国际专业引导协会拥有出色的能力标准框架，同行评审的认证程序已证实，受认证的专业引导师能够达到这些标准。

国际专业引导协会是一个还不太知名的组织，这个能力标准框架也不知名，因此我们在此简单介绍一下它。

## 国际专业引导协会的能力框架

**A. 建立合作关系**

发展工作伙伴关系，设计和制定应用程序，以满足客户（或团队）的需求。

**B. 规划适当的团队流程**

选择明确的方法和流程，并在时间和空间上为团队进程提供支持。

**C. 创造和维持参与式环境**

展示有效的参与性和人际沟通能力。

---

① Honey and Mumford，Learning Style Theory.

## 当你引导时，不要参与

当你对引导的议题持有强烈的意见或情感倾向时，参与式领导过程中就会自然产生一股张力或一种紧张的氛围。你很难在引导团队进程的同时，又倡导自己强烈持有的观点。

当然，你可以假装是在引导但事实上是在操控过程，以确保团队成员接受你的想法。但这显然是在“冒险”。

“自以为是的特点是自负的武断和教条主义”，从这个定义中我们可以看出，如果一个人不关心他人的观点或意见，那么引导试图一个参与过程是毫无意义的。

在这样的情况下，请一个外部引导师是明智的，无论他是组织外部的，还是团队或部门外部的，都可以起到很大作用。

外部引导师应该确保你强烈持有的观点和其他人的观点都能被听取，这样你们就可以在寻求达成共识之前探讨彼此的想法可能意味着什么。

尊重并认可多样性，确保团队具有包容性，协调团队成员之间的冲突，激发团队创造力。

**D. 指引团队取得适当且有意义的结果**

通过明确的方法和流程，激发团队成员对其任务拥有自我意识，并形成团队共识，以达到预期结果。

**E. 建立和维护专业知识**

建立知识基础，了解一系列引导方法。

**F. 树立积极的专业态度**

实践自我评估，拥有自我意识，信任团队潜力，并持有中正的态度。

这也是参与式领导者需要具备的能力。

我们希望你能从本书中了解到，运用乐高工作法，再加上一些专业引导师的经验和有参考意义的想法，就能毫不费力地掌握这 6 项能力。

乐高工作法是一种带有明确目标的、能够改善沟通和协作的方法，它让所有人都能参与到设定好的工作中来。它为会议和工作坊带来了活力，并让参与者的注意力聚焦在一点上。

乐高工作法可以开发出集体心智中的巨大潜力，创造共享的甚至是意想不到的洞察力，以实现预期结果。

## 卓越会议模式

卓越会议具备以下原则：

- **强参与性**。能让合适的参与者以充分的智力、情感和活力参与进来。
- **目的性**。能用令人信服的大目标激励人们，同时拥有明确的具体目标。
- **流程化**。用经过设计的流程来实现会议目标，并最大限度地激发会场中的能量和多样性。
- **可视化**。以此使会议的注意力保持一致，并创建明确的行动和学习。
- **健康性**。在会议中建立真诚的尊重，并促成真正的个体学习和团队学习。这反过来又创造了一个充满能量和活力的文化。

如果你的会议不够卓越，你可能会想知道：“我们如何将这些特性作为未来会议的设计原则？”

在第 2 章，我们将讨论预期结果。因为获得预期结果是在会议上一起工作的目的。在深入了解乐高工作法的实质之前，我们会在第 3 章简要强调目标设定的重要性，因为设定的目标就是你所创建会议的预期结果。

就像烤松饼、打高尔夫球或降落飞机各自有一个好方法一样，会议也有一个极好的运作方式。

卓越会议模式的形成不仅有理论基础，而且经过了实践的验证，可以说，这些原则几乎适用于所有会议。

**强参与性**

以参与式世界观为基础的信念
促成了富含智力、情感和活力的参与。
参与是这个原则的核心。

**目的性**

会议要：

- 有令人信服、意图明确的总体目标
- 有明确的具体目标
- 专注，以实现共同的目标

**流程化**

旨在：

- 达成目标、取得成果
- 使参与和能量最大化
- 利用多样性

**可视化**

创建：

- 一致的注意力
- 集体智慧
- 明确的行动和清晰的学习

**健康性**

会议创造了：

- 真诚和互相尊重的人际关系
- 深入、多层次的学习
- 充满能量和活力的文化

**卓越会议模式：卓越会议的原则**

这 5 项原则是肖恩 · 布莱尔提出的，他受到了引导行业最佳实践的启发。十多年的引导实践证明它们的实用性很强。你可以把它们当作引导师或参与式领导者在与团队合作时应具备的核心价值观。

# 第 2 章

# 目标设定，乐高工作法的关键步骤

SERIOUSWORK

本章目标：

- 概述在规划会议时如何使用明确的目标来创造有效的会议结果。

# 目标比议程更重要

## 以终为始

坦诚地说，没有人的目标是开会或者做工作坊，人们真正想要的是结果。本章将明确强调规划阶段是举行有效会议的关键。

## 目标导向，而不是议程导向

在牛津词典中，“agenda”作为名词有两个含义：

1. 正式会议中要讨论的议题清单；
2. 特定个体或团队的潜在意图或动机。

从举行有效会议的角度来看，这两个含义是有问题的，原因有二：

1. “讨论”清单上的议题不是举行有效会议的好方法，而且……
2. 未表达出的或隐含的潜在意图或动机不利于健康会议文化的形成。

## 动词，而不是冗词

作为动词，“agenda”的含义是“讨论”（议题）。对于会议而言，这是一个毫无意义的动词，因为如果你邀请一个团队来“讨论”，那么他们真的只会讨论。

这是议程导向型会议的问题……

有些人会讨论他们的想法，另一些人会分享他们的感受……有些人可能正在寻求有关该会议议题的新信息……有一个人可能想要做某个决定……

另一些人可能正想对该议题表示支持，而其他人可能有疑问或对议题保留自己的看法，或者正在执行自己的议程。

在你发觉这一切之前，已经有很多人怀着不同的目的在会议中不停地讨论。

这真是一场噩梦！

有一个更好的主意是，将每个会议议题转换为一个目标，在每个目标前冠以一个经过深思熟虑的动词。

这将有助于协调团队在同一时间专注于完成同一件事情。

# 更多引导成果

你还可以在网站上找到其他引导工具、资源和乐高工作法应用研究。

本书详细引用了其中一部分内容，感谢 ProMeet 客户的慷慨分享。

## 动词决定过程

无论是在会议的哪个环节，一个经过深思熟虑而选择出来的动词都有助于确定会议的开展过程。

- “决定性动词？”——这需要一个决策过程。
- “创造性动词？”——这需要一个创造过程。
- “计划性动词？”——这需要一个计划过程。

请试试这个建议吧：在即将召开的会议上，尝试将每个议题转化为一个目标。这个准备动作将促使你思考在议题展开时你期待发生的情况。请参阅第 31 页的示例。

# 如何设定高质量的目标

明确的目标是召开会议的原因。

在理想情况下，具体的会议目标应该与组织的宗旨和战略目标明确地联系起来。

如果能将目标透彻地考虑清楚，那么一场高效的会议策划工作就已经完成了大部分。明确的目标指引着随后的流程设计。

高质量的目标是具有挑战性的，但同时也是可以实现的。当人们清楚要实现什么目标时，会议就能更高效地取得成果。

后文的 ProMeet 目标设定方法卡片介绍了如何设定高质量的目标。

## 确定目标逻辑

建立明确的目标逻辑或者说层次结构，从而创建清晰且富有成效的会议。

O1：目的（purpose）层面的目标：组织的使命、愿景或宗旨。

O2：战略（strategy）层面的目标：组织的战略性目标。

O3：会议（the meeting）层面的目标：会议需要达成的明确、具体的成果。

我们采访了上万人，询问什么是他们眼中“会议的痛苦和喜悦”，我们发现造成会议痛苦的原因往往是会议的目标不明确。

摆脱这种痛苦的方法就是使用目标，并摒弃议程。

按照这个思路，就像第 31 页的示例所展示的那样，对于任何类型的会议或工作坊来说（无论采用何种方法，无论是否使用乐高工作法），制定明确的目标逻辑通常都是非常明智的。

# ProMeet 目标设定方法卡片

使用此方法卡片来设计你的会议。把每一个议程转换成一个目标。

方法卡片

## 明确的目标

### 动词，而不是冗词

**如果在会议中只有一件事是对的，那就是使用动词。**

**选择这些能指引方向的高质量动词**

**与发现有关的动词**
识别、审视、测定

**与计划有关的动词**
计划、设定、交付、建立

**与分析有关的动词**
分析、分类、综合

**与理解有关的动词**
理解、反思、更新、评估、分享、概述、确认、汇报、识别

**与创建有关的动词**
创造、开发、构建、生产、设计、制作

**与学习有关的动词**
学习、吸收、研究、理解、测试

**与意见有关的动词**
同意、决定、确定、确保、承诺、确认

**与文化有关的动词**
支持、鼓舞，、最大化发挥、招募、破除障碍

**无效的动词……**
讨论、交流、考量、了解近况、交换、交谈、辩论

### 剖析一个好目标的结构：

明确的**对象**　高质量的**动词**　相关的**结果**

↓　↓　↓

在选品上取得一致同意，挑选出最有吸引力和最有盈利能力的产品。

会议方法卡片

会议方法卡片

ProMeet™
参与式领导

## 目标

### 描述

明确的目标是召开会议的原因。在理想情况下，具体的会议目标应该与组织的宗旨和战略目标明确地联系起来。

如果能将目标透彻地考虑清楚，那么一场高效的会议策划工作就已经完成了大部分。明确的目标指引着随后的流程设计。高质量的目标是具有挑战性的，但同时也是可以实现的。

### 如何设定明确的目标

1. 在会议开始前留出时间来明确会议目标。建立一个目标逻辑（见下文）。
2. 与其他关键利益相关方协商，以便真正了解会议要点。
3. 使用左侧动词列表，确保有明确的会议目标。
4. 在会议开始之前沟通会议目标，替代较传统的议程。

### 目标逻辑：使会议有意义、有成效

O1：目的层面的目标：组织的使命、愿景或宗旨。

O2：战略层面的目标：组织的战略性目标。

O3：会议层面的目标：会议需要达成的明确、具体的成果。



书中的许多内容都有文档模板和 PDF 文件，你可以按照自己的需求来下载使用和调整。

首先，要明确总体目标——宗旨、愿景或战略层面的目标。其次，要确定每个会议模块和议程的具体目标。

SMART 原则是一个通用的目标设定框架，它可以让每个目标都符合具体（specific）、可衡量（measurable）、可实现（achievable）、现实（realistic）和有时限（time-bound）的标准。

但它似乎有些复杂。而我们的目标设定方法更简单，并且符合日常语言习惯。

## 留出准备时间

第 31 页的目标设定示例来自一个真实的为期两天的工作坊，有 30 名来自不同的国家的参与者。在这之前，他们没有在同一个物理空间内一起工作过。

这是一次花费不菲的重要会议，他们花了一些时间和心思来制订目标和工作坊计划（或我们称之为“引导说明”，第 5 章将介绍 5 个引导说明示例）。

参与者越少，工作坊需要的准备时间就越少，但我们仍主张使用目标逻辑，以确保参与者能清楚地了解会议中发生的情况是如何连接并支持一系列共同的组织目标的。

即使是仅需 1 小时或更少时间的小型工作坊，也值得你为之准备一系列目标。

现场活动启动 | 2015 年 6 月 11—12 日 | 霍克伍德酒店 | 第 6 版

**现场活动启动工作坊**

**一级目标：总体目标**

1. 激发和激励团队以兴奋和受鼓舞的状态开始新的周期。
2. 构思想法，精益求精。

这两个总体目标将通过 6 个工作坊模块来实现。

**二级目标：工作坊模块目标**

模块 1：了解和扩充团队的灵感源泉。

模块 2：强化现场参会团队。

模块 3：团队就现场活动的期待和愿景达成共同的理解。

模块 4：探索能改善学员体验的想法。

模块 5：关注项目热点话题，就如何满足需求和解决关键问题提出行动计划。

模块 6：制订行动计划并分享参与工作坊的心得。

**三级目标：模块 1，灵感**

发现、分享和庆祝让我们引以为豪的人、事、物。

了解并描绘灵感的源泉，灵感来自格外成功的面对面活动，或改变生活的技术。

从其他成功事件（如格拉斯顿伯里音乐节、F1、奥运会决赛、火人节等①）中挖掘鼓舞人心的时刻。

**三级目标：模块 2，团队生活**

认可和欣赏自己所在团队的优势。

分享成为更高效的团队所需具备的条件。

了解什么会帮助或阻碍我们成为一个高绩效、富有灵感的团队。

**三级目标：模块 3，现场活动的未来**

探索我们在现场活动中的理想身份，并创建我们共同的理念和愿景，而这些定义了我们想成为怎样的人。

发掘影响现场活动或受现场活动影响的因素或动因，并探索风险和机会。

创造新的活动前和活动后增值服务的机会。

……

① 格拉斯顿伯里音乐节是世界上规模最大的音乐节之一，也是世界上规模最大的露天音乐节。火人节是由美国一个名为“Black Rock City,LLC”的组织发起的反传统狂欢节，始于1986年，其基本宗旨是提倡社区观念、包容、创造性、时尚以及反消费主义。——译者注

## 为结果做计划

在为重要会议制订计划时，一项关键的准备工作是向关键利益相关者提出以下 5 个问题。这个工作很简单，你只需为参与者提供一套卡片、一支记号笔和 3 分钟时间就能高效地完成。

你也可以使用长 148 毫米、宽 105 毫米或长 152 毫米、宽 102 毫米的便签纸，还可以将 A4 纸切成 4 小块来使用。

**目标**

**工作坊结束时，你希望产生的最佳结果是什么？**

**目标**

本次工作坊必须实现哪些**业务目标**？

**目标**

如果这项工作取得了巨大的成功，那么**有什么会得到改善呢**？

**目标**

假设我们将召开工作坊视为更大计划中的一个步骤，**那么这个计划的最终目标是什么**？

**目标**

你还希望通过这次工作坊获得其他什么结果吗？

**制订计划时要询问的 5 大问题：**

1. 工作坊结束时，你希望产生的最佳结果是什么？
2. 本次工作坊必须实现哪些业务目标？
3. 如果这个工作坊取得了巨大的成功，那么有什么会得到改善呢？
4. 假设我们将召开工作坊视为更大计划中的一个步骤，那么这个计划的最终目标是什么？
5. 你还希望通过这次工作坊获得其他什么结果吗？

**每一个问题都力求澄清或确定：**

1. 本次工作坊应取得的关键结果。
2. 工作坊的背景以及工作坊必须支持的业务或战略目标。
3. 此工作坊需要实现哪些变革目标。
4. 工作坊的意图和目的。
5. 是否有其他机会为工作坊创造价值。

在第 5.5 节所示的案例中，你可以看到这些问题在准备为期半天的工作坊时是如何应用的……

Manifesto 数字公司工作坊 | 2015 年 8 月 14 日 | 1：00—12：30 | 霍克斯顿拱门画廊 | 第 2 版

## 示例 1
## 如何使用规划性问题来准备 Manifesto 数字公司的团队工作坊？

在会议中，请思考一下下面这几个问题。

**目标**

如果这个工作坊取得了巨大的成功，**那么有什么会得到改善呢？**

**过程**

如果这个工作坊取得了巨大的成功，那么有什么会得到改善呢？

- 团队的凝聚力和主人翁精神得到了提升
- 通过员工愿意承担更多责任这一现象可以看出，员工敬业度和使命感更强了

**过程**

如果这个工作坊取得了巨大的成功，那么有什么会得到改善呢？

- 团队感受到这个公司有吸引他们的一套价值观，而这套价值观和这家公司都是他们共同参与创建且信赖的

**目标**

工作坊结束时，**你希望产生的最佳结果是什么？**

**过程**

工作坊结束时，你希望产生的最佳结果是什么？

- 员工能够清晰地向客户阐述我们的价值观

**过程**

工作坊结束时，你希望产生的最佳结果是什么？

- 员工认为这套价值观和这家公司本身就是他们来这里工作的主要原因，并且他们会在工作中去践行这套价值观

**目标**

假设我们将召开工作坊视为更大计划中的一个步骤，**那么这个计划的最终目标是什么？**

**过程**

假设我们将召开工作坊视为更大计划中的一个步骤，那么这个计划的最终目标是什么？

- 更成功的业务和更有经验的团队

**过程**

假设我们将召开工作坊视为更大计划中的一个步骤，那么这个计划的最终目标是什么？

- 新老员工之间能持续地建立联结、持续传递“为什么我们要在这里工作，我们要做什么，我们该如何工作”等问题

Manifesto 数字公司工作坊 | 2015 年 8 月 14 日 | 1：00—12：30| 霍克斯顿拱门画廊 | 第 2 版

**示例 2**
如何将问题的答案转化为工作坊的一系列目标？

## 总体目标

建立一个拥有共同价值观和一致行为规范的强大团队——“Manifesto 数字公司的新宣言”。

## 工作坊的目标

- 分享工作坊的目标
- 评估当前团队的发展水平
- 构建乐高工作法的基本技能
- 与团队分享 Manifesto 数字公司 2017 年的愿景
- 商定工作坊中使用的词汇表
- 发掘 Manifesto 数字公司的核心价值观
- 发掘符合 Manifesto 数字公司需要的核心积极行为
- 发掘 Manifesto 数字公司不需要的核心消极行为
- 发掘 Manifesto 数字公司的简单指导原则
- 澄清在这个工作坊中下一步将会发生什么
- 用照片将模型记录下来（布莱尔在午餐时间进行）

# “引导说明”介绍

引导说明既是规划工具，
也是引导师的行进路线图。
一旦明确会议 / 工作坊目标，
就要计划相关流程并准备引导说明。

Manifesto 数字公司 | 2015 年 8 月 14 日 | 1：00—12：30 | 霍克斯顿拱门画廊 | 第 2 版

**总体目标**
建立一个拥有共同价值观和一致行为规范的强大团队——“Manifesto 数字公司的新宣言”

| 时间 | 模块 | 目标 | 流程 / 说明 |
|---|---|---|---|
| 8:00 | 准备环节 | **根据参与者和工作坊的需求准备好场所** | 布莱尔布置场所，为工作坊的开展做好准备。要准备好：<br>• 投屏 / 计算机 / 扬声器<br>• 4 张 5 ~ 6 人的桌子<br>• 用来摆放积木的桌子<br>• 用来摆放搭建好的模型的桌子 |
| 9:30 | 签到 | | 9:00—9:30 签到，9:30 开始 |
| 10:00 | 致欢迎辞 &<br>介绍目标 | **分享工作坊目标** | 吉姆致欢迎辞<br>介绍工作坊的背景和目标 |
| 10:05 | 技能构建环节 | **构建基本技能** | **1. 技术：搭建——高塔模型**<br>反思：用模型来讲述你的故事<br>播放音乐：*Snap Out of It*<br>**2. 隐喻：“解释这个！”——可以用幻灯片来进行这个游戏**<br>反思：你可以赋予一块积木任意意义<br>不需要“花式”搭建技术，要用你的眼睛“聆听”！<br>**3. 讲故事：搭建“你的梦想假期”模型**<br>反思：信任你的双手，用双手思考，讲述模型中隐含的故事，而不是你脑海中的故事<br>播放音乐：*Love Vibration* |

# 用引导说明来计划成功的工作坊

总体目标：召开工作坊的目标。在设定模块目标和流程之前，明确总体目标至关重要。

在有些文化中，时间观念比较灵活。如果你所在的国家或环境中有一种“迟到”文化，那就要在工作坊一开始就多安排一些时间。

会议模块的名称：在需要议程的组织中，在工作坊召开前公布议程时，参考引导说明的前三列（时间、模块和目标）。请不要传阅你的完整笔记。

每个模块的目标。明确的目标也指明了这个模块所需经历的过程。

流程栏：准备工作时所用的检查清单。这是你在引导过程中可以使用的说明。

## 为成功做计划

在确定了工作坊目标后，要投入时间好好计划一下如何实现这些目标。

下载、编辑或制作你自己的引导说明模板，使用模板来设计流程，领导或引导团队来实现预期结果。

乐高®认真玩®工作坊涉及许多设备和物料。你可以把引导说明视为一种规划工具或路线图，它有助于你在工作坊中将关注点放在参与者身上，而不是放在流程上。

第 3 章

# 乐高工作法的核心理念

SERIOUSWORK

**本章目标：**

- 介绍乐高工作法的核心理念；
- 提供关于哪些类型的积木最好、在哪里获取以及如何存储它们等的信息。

## 乐高工作法的原则和理念

2010年，乐高®集团创建了乐高工作法的开源体系，向人们赠送了一份礼物——一个特别棒的流程。感谢乐高®！

乐高®集团的理念是将乐高工作法作为一个开源体系，让它的基本原则和理念可免费获取，并支持想用这个流程的人去使用它。

乐高®集团制作了一个出色的开源指南，概述了乐高工作法的应用流程及其使用方式。知识共享许可协议诚意地允许每个人分享和调整乐高工作法的想法和流程，只需在使用时附上知识共享许可协议的链接并说明调整的部分即可。

我们在此附上开源指南的部分内容，便于你更加清晰地了解它。其中有些内容根据我们的经验做了些微调整。

开源指南指出：

乐高工作法为团队分享想法、假设和对事物的理解提供了一个巧妙的方法；吸引团队成员参与到内容丰富的对话中，从而为现实问题找到有意义的解决方案。

乐高®认真玩®工作坊通常需要1天时间，或者最短也要3～4个小时。这并不奇怪，无论是企业还是其他组织，时间都很紧。它们都在尽量缩短乐高工作法的应用时间。

但如果引导师跳过技能培养和练习环节，让参与者直接投入复杂的工作坊任务中，一味鼓励参与者快速走完流程，那么这个工作坊不会有任何效果。

在使用乐高工作法时你必须认识到，这个方法的优势在于构建、反思和协作学习的循环过程。这是一个用于实现特定目标的需要引导的过程。

因此，乐高工作法不是一个用来启动会议的破冰游戏。

它也不是用来构建组织架构图或规划物理环境（如建筑、工作空间）的工具。你可以使用乐高®积木来实现上述目的，但这并不是乐高工作法。

这份出色的开源指南提供了一个名为“相同方式共享”的知识共享许可协议。

知识共享许可协议

# 乐高工作法的 6 步流程

乐高工作法是一种能创建建设性反思和对话的方法。

在一个结构化过程中，参与者用乐高®积木来创造模型，以表达其想法、反思和主意。

2010 年版的开源指南表达了一种愿望：越来越多的乐高®认真玩®引导师社群能为乐高工作法开发更多新应用。

如今，这一愿望已经实现。网上有上百个乐高工作法的应用案例展示了它的广泛应用，包括反欺凌和《圣经》研究，以及商业模式画布、服务设计和变革管理等领域。

乐高工作法的核心是一个供引导师使用的简单而强大的流程。开源指南提供了一个 3 步流程和一个 4 步流程，它们都是乐高工作法的基础流程。

它们的具体环节如下：

1. 设置挑战→ 2. 搭建→ 3. 分享

1. 设置背景→ 2. 搭建→ 3. 反思→ 4. 整合

拉斯穆森和克里斯蒂安森（2014 年）提出了另一个 4 步“核心乐高®认真玩®流程”。

1. 提出问题→ 2. 搭建→ 3. 分享→ 4. 反思

而我们的经验表明，能让乐高工作法发挥最大效用的是一个 6 步流程。你也可以将其视为一个两步加 4 步的流程。

**在准备阶段需要引导师执行前两步**，在工作坊举办阶段再引导后 4 步，通常这个 4 步流程会重复多次。接下来，我们简要描述一下每一步的内容。

## 第 1 步：确定目标

在工作坊召开之前，要确定好工作坊的总体目标，并制定一系列明确的模块目标，如第 2 章所述，这是成功举办工作坊的先决条件，对任何会议或工作坊来说都是如此。

## 第 2 步：开发问题

确定好目标后，引导师要以一种有助于交流见解、公开反思和实现对话的方式来设置挑战问题，并最终达成目标。

对参与者的过程体验来说，引导师选择的搭建问题或挑战是至关重要的。

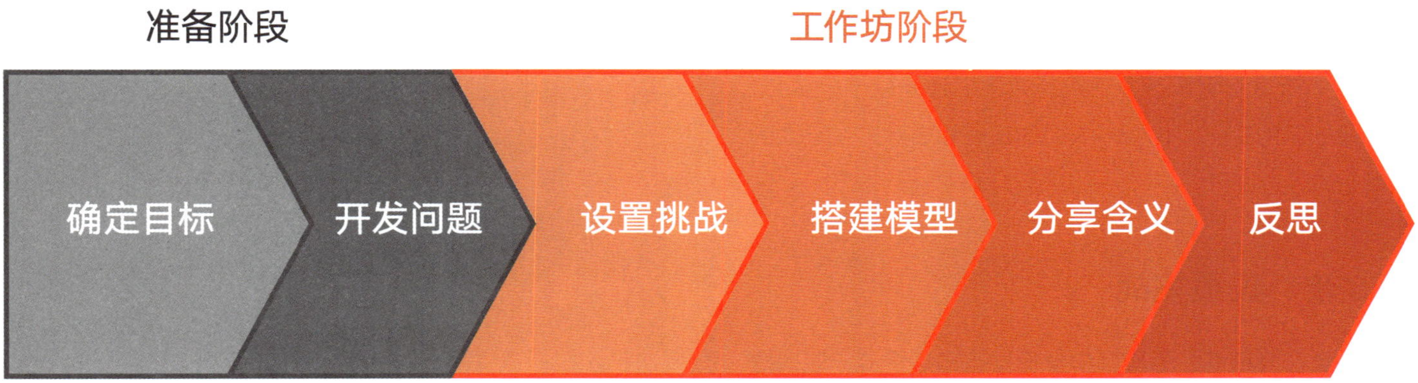


确定目标：工作坊流程设计应始终服务于一套明确且相关的目标。

开发问题：开发正确的搭建问题是关键。即使是细微的变化也会产生很大的影响。

设置挑战：引导师设置搭建问题或挑战。

搭建模型：参与者搭建乐高®模型来展示他们对搭建问题或挑战的思考。

分享含义：参与者讲述各自的模型故事，团队共同探讨模型及其含义。

反思：团队共同反思他们创造了什么，探寻更深层次的洞察。

**乐高工作法 6 步流程**

一个好的核心问题需要符合 4 个标准：

- 必须是所有参与者熟悉的且能理解的；
- 对所有参与者来说都很重要且很有吸引力；
- 结合系统性思维和创造性思维；
- 在理想情况下，能促使参与者产生不同的观点。

如右侧的简短案例所示，开发有效的搭建问题十分重要。即使是细微的变化，也会对人们的理解和搭建产生很大的影响。

## 第 3 步：设置挑战

在工作坊召开期间，引导师向学员发出搭建挑战，明确搭建时间，要求参与者使用乐高®积木搭建模型来表达他们的想法或应对搭建挑战。

提出搭建挑战后，引导师给出示例，说明他们希望参与者在搭建的模型中探索哪些内容。

### 从错误中学习：搭建问题要明确

**布莱尔**

我记得有一个工作坊的目标之一是帮助团队进行创造性思考，并跳出封闭的文化。

我们希望参与者能想象与一个全新的组织合作所能产生的各种新可能。

我指示参与者 **“搭建一个新的‘利益相关者’的模型；一个不同寻常的、互利的合作伙伴，这个伙伴有兴趣为我们提供与客户互动的机会”。**

现在想想，这并不是一个很好的搭建问题。这个指示复杂且不明确。

在设定好的搭建时间结束后，我请参与者分享他们搭建的模型和其中所蕴含的故事。一位参与者首先说，她觉得这个搭建任务很难，“不同寻常”这个词让她很迷惑。

我本想让他们想到的是新的利益相关者，而不是不同寻常的利益相关者。但“不同寻常”一词让这个参与者甚至其他人感到手足无措。

**由此可见，提出恰当的搭建问题至关重要。**

## 从错误中学习：避免提出抽象问题

**里洛**

如果搭建问题不够清晰，参与者就会感到困惑。

在正式参加乐高工作法的引导培训前，我的第一次尝试是举办一个以“价值观”为主题的工作坊。客户建议我在工作坊开始前先介绍一下关于价值观的理论。

为此，我精心准备了一个环节，详细介绍了“如何创建良好价值观”，并分享了这家企业的大量同类企业的价值观案例。

当这个冗长的、单向沟通的理论介绍环节结束后，我对团队成员们说：“请开始用乐高®积木把你认为的‘好的价值观’搭建出来吧！”

这让随后的环节变得很混乱。有些人开始试图复制他们在理论介绍环节听到的内容；有些人决定根据他们的个人经验将“理想中的价值观”搭建成模型；还有一个小组认为最好的方法是，创建他们现在所在的这个小组的价值观，并把它搭建起来！很多时间和精力都在这种混乱的局面中浪费掉了。

**在这次经历中，我得到了两个教训：**

- **第一，以过多的理论开展乐高®认真玩®工作坊会十分限制思维；**
- **第二，提出“搭建某某”这种抽象的问题不会有助于明确目标，反而会让参与者感到困惑。**

## 练习提出一个搭建问题

在马尔科的案例中，他在一小时的理论介绍环节结束后才提出搭建问题，如果参与者的耐性在这个过程中没有被消磨掉，那么在参与者动手搭建模型之前，他应该提出怎样的搭建问题呢？

请在下面的空白区，或者在你的笔记本上，试着写下一个相较于马尔科的问题更好的搭建问题。马尔科的参考答案如下。

1.“将你看见过的、在你的团队里发生过的最佳行为搭建成模型。”

2.“搭建一个动物，用这个动物来代表你的理想团队的价值观，并分享这个模型中所蕴含的故事。”

上述两个搭建问题显然更有创意且更有趣，还更有重点、更以目标为导向。

## 第 4 步：搭建模型

在这一阶段，参与者要根据搭建挑战的要求来搭建乐高®模型。参与者可以通过隐喻、修辞的方式来赋予模型含义，并通过讲故事的方式来表达其含义。

在搭建过程中，每一个参与者都能不断地反思、厘清自己要什么，并获得更清晰、更详细的见解。这个搭建过程不仅能激发参与者进行反思，而且为他们提供了“用手思考”的机会。

当参与者用双手搭建出体现了其想法的三维模型时，他们会更容易深入接触彼此头脑中的知识和经验，并且激发新的想法。

## 第 5 步：分享含义

接下来，参与者要相互分享各自的模型故事，阐述各自模型的含义。

每个参与者都要单独分享，这至关重要。因为分享自己的模型故事本身就是一个反思过程，在这个过程中，参与者能更深入地探索自己所表达的内容。

其他人也有机会提出自己的好奇之处，他们能通过聆听分享者对模型的表述来探索更多的细节。

引导师可以在分享环节提问，这样做可以促使参与者对他们的想法和见解进行更多的反思和分享。

每个人都能分享自己的想法，并且每个人都在积极地聆听。乐高工作法的一个重要目的是，让每个人都有机会听到其他人的见解。当这种情况发生时，参与式领导便会活跃起来。

总而言之，分享能让每个人都对自己表达出来的想法产生一种责任感并真正地对它负起责任，从而推动实际行动的实施。

## 第 6 步：反思

当每个人都分享了各自的模型故事和个人见解后，引导师要让参与者在各自的小组中共同反思，比如，“在展示的模型中，大家看到了怎样的差异”，或者，“在这个场所中正在发生着怎样的元故事[①]”。

在工作坊中，参与者通常不需要参与准备阶段。因此，向参与者介绍流程是很有必要的，尤其是在搭建模型时，引导师可以用 A3 展板来展示简化版的 4 步流程。

① 元故事是关于故事的认知，即如果让参与者群体把经历的前5个阶段看作一个故事，那么参与者会怎样看待这个故事。——译者注

乐高工作法 4 步流程



展板 1

# 乐高工作法礼仪

- 引导师设置搭建问题和各环节的时间节点，并引导过程。
- 你所搭建的乐高®模型就是你对搭建问题的答案。
- 没有错误答案。
- “用手思考”，信任你的双手。
- 讲述模型所蕴含的故事。
- “用眼睛聆听”。
- 每个人都要搭建模型，每个人都要讲述模型故事。

展板 2

乐高®开源指南中还有另一个很有用的想法，我们据此发展出了参与者礼仪。

让参与者尽早了解在工作坊中应遵循的行为准则是很有益的。在第 4 章，我们将提出一个建议：引导师要向参与者介绍参与者礼仪。如果是小团队，就用 A3 纸把礼仪清单打印出来让参与者一起看，这样做可以拉近团队成员之间的距离；如果是大团队，那么可以用幻灯片展示。

**引导师设置搭建问题和各环节的时间节点，并引导过程。**

**你所搭建的乐高®模型就是你对搭建问题的答案。**

**没有错误答案。**没有所谓正确或者错误的搭建方式。模型看上去如何并不重要，重要的是请所有参与者都不要去评判自己的模型，更不能去评判他人的模型。

**“用手思考”，信任你的双手。**告诉参与者：“如果被搭建问题难住了，那么请信任你的双手，跟着你的双手开始搭建吧！”鼓励参与者用双手思考。

蕴藏在模型中的意义才是最重要的，只有搭建模型的人才知道这个模型意味着什么。

**讲述模型所蕴含的故事。**参与者要学会通过模型来沟通、分享、描述，这很重要。如果参与者说这个模型代表一个具体的东西，那么它就是代表着这个东西。

有时，参与者搭建好一个模型并分享故事时会忽视这个模型或不太在意它，这样分享出来的故事来自他们脑中的想法，而不是基于这个模型，甚至可以说和这个模型没有太大关系。如果参与者讲述的只是他们脑中的文字，那么你会发现，整个团队的注意力很快就会分散。

引导师的挑战就在于，让这些参与者的注意力回到模型上，回到讲述基于模型的故事上。

**“用眼睛聆听”。**鼓励参与者观察正在被分享的模型，用他们的视觉感官来捕捉和理解分享者正在描述的内容，甚至是分享者未言说的内容。

**每个人都要搭建模型，每个人都要讲述模型故事。**

在随后的讨论环节中，参与者可以自由地基于他人的模型和故事来提问。

但不鼓励参与者对他人的模型和故事发表评论，也不鼓励解释他人的模型和故事。允许参与者基于模型和故事，而不是关于人来提出问题。要确保参与者的关注点在模型和故事上，而不是在描述模型的人身上。

# 乐高工作法三级构建能力

乐高工作法有 3 个搭建级别。

第一级别构建：个体模型。这是基础级别。

第二级别共创模型和第三级别系统模型是基于个体模型搭建而成的。

**本书侧重于介绍在第一级别的引导。**

乐高工作法三级构建能力

第三级别构建：与动态系统交互。了解各种因素如何相互影响。在共同愿景下，探索不同场景和战略的风险、机会和意料之外的结果。

第二级别构建：探索他人对某一想法的不同看法，然后对这一想法达成一致的理解和意义。

第一级别构建：学习增强沟通。用听觉、视觉和动觉来表达自己的想法和感受，并了解他人的想法和感受。

第三级别构建并非“优于”第一级别构建。第一级别是基础级别，无论是单独构建，还是将它与其他级别结合都具有巨大的能量。

展板 3

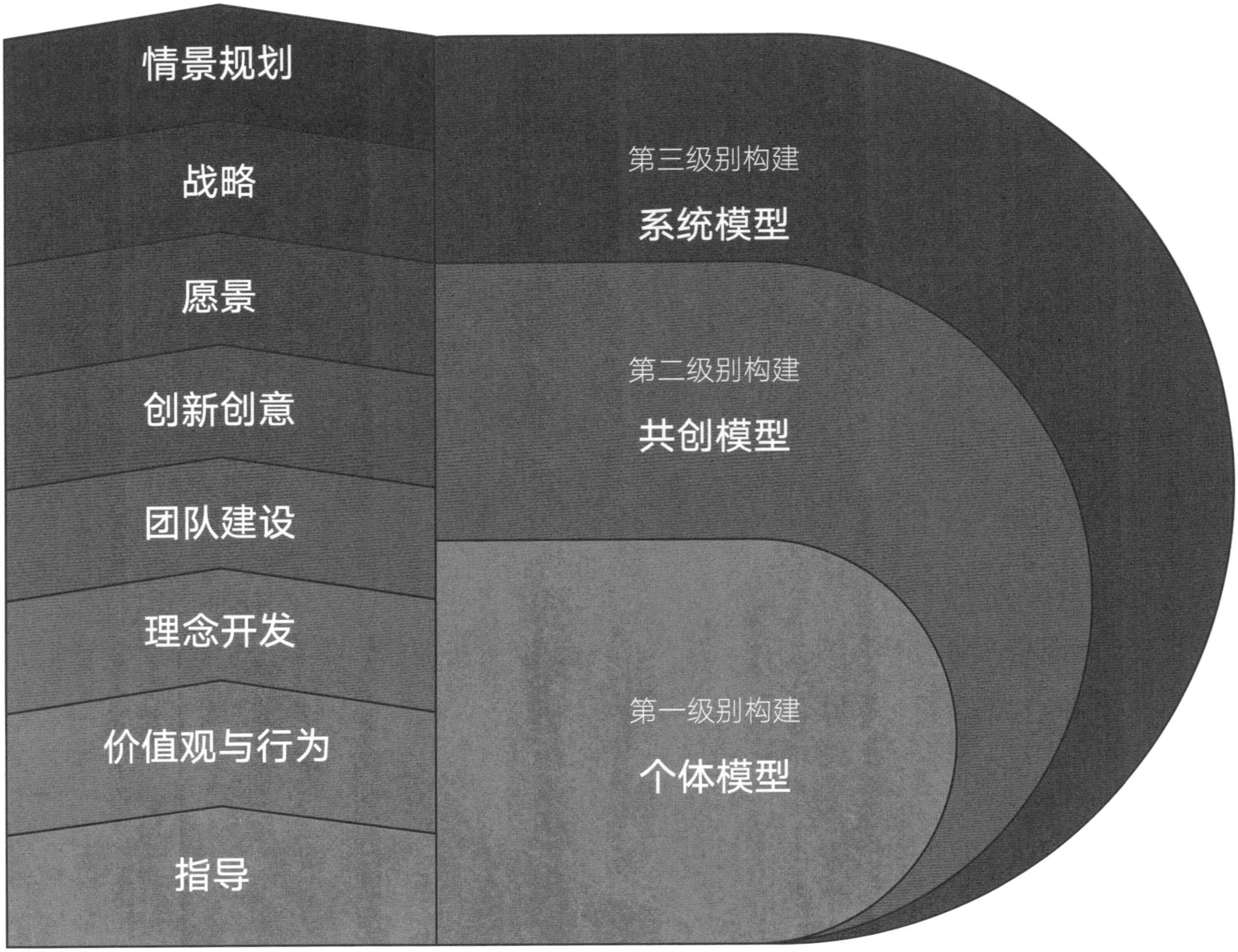


三级构建能力的应用场景

展板 4

一个团队正在应用乐高工作法。他们搭建系统模型，以探索情景规划方案

乐高工作法只是一个应用工具。它和其他会议工具（如马克笔、白板、纸等）是一样的。从这个角度来看，乐高工作法与普通的纸笔一样应用广泛。

在组织中，乐高工作法有一些常见的应用场景，本书将介绍其中一些。

第一级别构建可用于任何会议，在这类会议中你可以了解每个人的意见，你会欢迎不同的想法，在交谈之前先进行反思。

**第一级别构建（个体模型）是基础级别。复杂系统模型，也是从搭建第一级别的个体模型开始的。**

**接下来我们将提供一些关于乐高®积木的关键信息，比如哪种类型的积木最好、在哪里获取以及如何存储它们。**

乐高®线上商店销售的乐高®认真玩®套装有4种（见后文）。这些套装是由经过精心设计的积木组合而成的，它们可以帮助参与者通过隐喻和搭建简单的模型来表达复杂的想法。

这些套装中的积木都是精挑细选出来的，有些可能在一般的乐高®儿童玩具箱中找不到，如钱币、梯子、陨石、普通小人仔®、喷气式发动机、花卉、柱子、植物、转动部件和绳子等。但它们在乐高工作法中并不罕见，而是有着广泛的用途。

如果你想在孩子们的乐高®玩具箱中翻找积木，试图组装一个乐高®认真玩®套装，那么你可能会找到蝙蝠侠、辛普森、啦啦队队长或邪恶的反派角色“金牙”等。参与者很难使用这些积木来搭建模型，因为它们已经充满了意义。

你可以在网上直接购买乐高®认真玩®套装。

虽然乐高®认真玩®套装的搭配非常好，但它们并不是工作坊所用积木的唯一来源。如果你买不到乐高®认真玩®套装，我们建议你自己搭配。

你可以利用不同类型的乐高®系列来组装自己的套装。乐高®经典®系列、城市®系列、好朋友®系列和得宝®系列中的积木都是组建套装的最佳选择。

里洛关于“自己动手组装套装”的文章可能会对你有所帮助。

除此之外，你还可以在网上购买二手积木，它们比全新的积木价格更低，通常1千克200多元。

不过，在网上购买二手积木时，尽量不要买二手的主题套装，除非你想让圣诞老人、《星球大战》里的楚伊或机器人R2D2成为参与者所分享故事的核心。你应该并不想让这种情况发生。

我们用额外的二手底板积木和人仔®来填充景观和身份套装，效果很不错。

人仔®是性别中立的角色，为了在性别上达到平衡和多样化，我们在套装中添加了一些好朋友®系列人物。

好朋友®系列里也包含动物、花卉和植物的积木，它们对乐高®认真玩®套装是有效的补充。

这是用新手入门套装搭建的简单模型，它在对你诉说怎样的故事呢？

© 乐高® 集团

**窗口探索套装**

包含：48 个积木

适用于：练习搭建技巧、指导、半天以内的工作坊。

内含：一小包多种颜色和形状的标准积木以及少量特殊积木和一个人仔®积木。

**入门套装**

包含：219 个积木

适用于：你的第一个工作坊、指导、搭建共创模型和一般场景。

内含：

- 一些标准积木；
- 一些得宝®系列积木，如轮毂、轮胎、窗户、树、两个人仔®、管道、球和几个小底板；
- 一本“想象百科”小册子，上面有简单模型的搭建说明。

后面两个套装通常应用于第二级别和第三级别的构建，应用于本书没有涵盖的范围的模型搭建。如果你没有参加过乐高®认真玩®培训，那么我们不建议你购买这两个套装。

© 乐高®集团

**景观和身份套装**

包含：2 631 个积木

适用于：第二级别和第三级别。

内含：

- 很多标准积木和得宝®系列积木的特别组合，包括动物积木；
- 大量特殊积木，包括轮毂、轮胎、窗户、树、90 个人仔®、棍子、球、螺旋管道、梯子、栅栏等；
- 很多底板和 3 个橙色的塑料分装托盘。

**连接元件套装**

包含：2 455 个积木

适用于：第三级别的系统模型。

内含：

- 种类丰富的连接元件，如螺旋管道、梯子、栅栏、桥梁和线，它们能帮助你搭建大型互联乐高®模型；
- 10 个相同的袋子，内含精心挑选的积木，可用于集中练习，如搭建“铅笔盒”“信使狗”模型或其他练习。

© 乐高®集团

如果你是一个新手，那么我们建议你先购买一个入门套装，自己尝试做一些搭建练习。

如果你是第一次开展小型工作坊，那么你可以为每个参与者提供一个入门套装，这个入门套装可以用来实现很多搭建方式，而且对于 6 ~ 8 人的工作坊来说，这不是一笔很大的投资。

或者，你也可以购买两个入门套装和一盒乐高®经典®系列套装（如乐高®创意搭建套装，这个套装物超所值），或购买一些散装的二手积木（甚至从孩子们手里搜罗一些积木。当然，请务必把那些带有主题含义的积木排除在外）。

如果你选择在线购买，那么你可以先注册乐高®会员，这样可以累计积分。

现在，我们已经完成了材料准备环节，并介绍了基本理念。接下来在第 4 章，我们将阐述如何促进乐高®认真玩®技能构建。

## 从经验中学习：用大积木盒收纳混合积木

**布莱尔**

我组织过一个时长 3 小时的大型工作坊，有 150 人参与。我发给参与者每人一个全新的窗口探索套装，并将他们分成 4 人一组，来搭建共创模型。

工作坊结束时，所有积木都混了在一起，于是我把它们都放在了一个大盒子里。

这就像是在做大蛋糕，我后来又添加了一些材料——12 个新手入门套装，这些积木混合成了一大盒材料。

我现在常常在为期半天和一天的工作坊中使用这些混合材料。在开展工作坊的前一天，我会先为积木称重，并把它们用厚厚的密封袋分装起来。

如果要进行技能构建和简单的练习，那么每组需要一袋 600 克装的积木。如果要搭建共创模型，那么我会在 600 克积木的基础上，再给每组一袋 800 克装的积木。

把积木放在密封袋里比装在敞口的塑料盒里更干净。

这样一大盒混合积木，随时可用，而且适用于许多场景。有了这样一大盒混合装，意味着我可以将景观和身份套装以及连接元件套装分别用于多日战略工作坊。

## 让你的积木开始发挥作用吧！

如果你已经有了一些积木（或新得到了一些积木），那么请试试下面的做法。

如果你手边有窗口探索套装、新手入门套装或任何随意组合在一起的积木，那么请花几分钟动手玩起来，体验一下其中的乐趣吧。

首先，请搭建一个“领导者”模型，他是你喜欢与之一起工作的领导者，并且激发出了你的最大潜能。

按照你自己对这个领导者的定义来搭建模型。这个理想的领导者可能是你自己，也可能是你很熟悉的人，甚至可能是一个你想象出来的人。

搭建好模型后，请用几个关键词来概括其含义。

如果可以，请拍摄你所搭建的模型并附上关键词，将照片发送过来与我们分享。

你认为什么样的领导品质很重要？

PROCESS
GOAL
FOCUSED

# 第 4 章

# 乐高工作法的技能要求

SERIOUSWORK

这些技能对参与者来说是
最基本、最重要的。

**本章目标：**

- 让你能够引导乐高®认真玩®技能构建环节。
- 让你了解如何用乐高®认真玩®的基本引导原则来增强沟通。

## 参与者的 3 个必备技能

技能构建环节是乐高工作法的基础环节，任何时候都不能跳过。

通过这个环节，参与者能够掌握搭建技术、隐喻和讲故事的技能，同时体会到他们在参与乐高工作法时是以成人的方式在“玩”积木，这与儿童玩积木是不同的。

技能构建能够让参与者了解到，应该如何在乐高工作法中使用积木，从而增强沟通。

有些人参加乐高®认真玩®工作坊时，会怀疑自己只是在玩儿童玩具，这会让他们产生消极的想法和不安的情绪。如果你能很好地引导技能构建环节，那么即使是那些对乐高工作法持严重怀疑态度的人，也能够体会到它的力量。并且，如果所有参与者都表现出一种消极的姿态——背靠椅背、双臂交叉抱在胸前，看起来十分迟疑，那么这个环节也能帮助你化解场内的沉默，效果显而易见。

### 从经验中学习：如何打消参与者的顾虑

布莱尔

为了帮助英国的一个慈善机构制定青年参与战略，我开展了一个工作坊。

会议一开始，我看到的就是这样一个场景：一些人双臂交叉抱在胸前，还有一两个人看起来十分不自在。

当我们完成技能构建环节后，我向小组询问他们有何反思。

一名起初感觉不自在的参与者此刻面带微笑，眼里闪烁着一丝亮光，她说：“你知道吗？这并没有我想象的那样傻。”

我很高兴她能这样说，并感谢她把这个想法说了出来，因为她说出了大家的心声。在技能构建环节中，她的想法真正地得到了聆听，这段小小的经历让她接受并认可了乐高工作法的流程。现在，她已准备好全身心投入乐高工作法的流程中了。

技能构建 1: 高塔模型

技能构建环节有两个组成部分：

1. 帮助参与者掌握搭建技术、隐喻和讲故事的技能；
2. 通过乐高工作法来增强沟通。

本章将为你提供一个典型的工作坊计划和一组简化的引导说明，你可以将它们下载下来，并稍作调整后在自己的工作坊中应用。不过在此之前，我们先来了解清楚以下 3 个问题。

**第一，技能构建环节需要多长时间？**

对于大约8人的小团队而言，技能构建环节需要40~60分钟。

一些引导师可能会为技能构建环节分配长达 90 分钟的时间，但对于持续时间为 3 ~ 4 小时的短时工作坊，特别是当参与者本身带着提前设定的、渴望探索的问题时，我们很难将大约一半的时间用于技能构建。如果技能构建环节引导得当，即使是大型团队也能在 30 ~ 40 分钟内成功应用乐高工作法的技能。

在第 3 章，我们概述了乐高工作法流程步骤，其中包括一个“分享含义”的环节。在这个环节，参与者要讲述他们的模型故事。显然，比起 5 人小组，10 人小组需要大约两倍的时间来完成这个环节。

技能构建环节通常有 3 个练习，这个环节的大部分时间都用于讲述模型故事。这个环节的总时长取决于你要求参与者搭建怎样的模型，以及你把控分享时间的严格程度。

**第二，团队规模如何？**

在练习乐高工作法引导技能的早期，你可以针对较小的团队开展。一般一个引导师最多带领 12 个参与者。

你可以应用更高级别的技能来引导规模更大的工作坊，但在此之前，在你学习引导的初始阶段，你首先要学会引导 6 人工作坊。

**第三，我们应该用什么积木？**

在技能构建环节，最适用的积木是窗口探索套装。这种套装的单价并不贵，每包包含 48 块积木，不过唯一的缺点是它只成箱售卖，每箱 100 包。

使用这些套装有一个好处，那就是每个人都有相同的积木。如果要求细致，那你可以让参与者将积木放回密封袋中，这样做便于以后使用。如果你不想购买一整箱，那还有下面两种选择：

- 从随意混合的积木中选择中小型的积木，称取 80 ~ 100 克，单独组成一包；
- 在桌子中间放置一堆中小型积木，让每个人都能随手拿到。这一堆积木的总重量大约是每人 100 克的总和。

## 窗口探索套装

这个套装非常适合技能构建环节，如果你不介意，那你可以成箱购买。

## 技能 1：搭建技术——搭建高塔模型

技能 1 的练习旨在让参与者体验连接积木的技术技能。

请注意，有些人可能在用手和眼去寻找较小的乐高®积木时比较困难。所以，如果你的工作坊中有这样的人，那么在这个练习环节要给予他们特别关注。

让参与者搭建一个高塔模型特别适合作为技能构建的第一项任务。关于高塔可能是什么样子，每个人心里都有一个模型，聆听人们对他们模型的解释也能帮助我们了解他们如何思考或感知。

## 技能 2：隐喻——“解释这个！”

用积木练习使用隐喻，这可以让人们通过搭建简单的模型来讲述丰富的故事。

我们认为，孩童搭建模型的方式就是让它“看起来像”。

然而，参与者不用真的搭建一个惟妙惟肖的模型来讲故事，他们可以使用积木来进行隐喻。

我们经常会用一个简单的游戏——“解释这个！”（详见随后的引导说明），来让参与者赋予他们的积木意义，并迅速帮助参与者摆脱使用积木时的束缚感。

**通过乐高工作法，你不仅可以用积木搭出现实世界中真实存在的事物，而且可以让模型传递你的思想。这就像是在借助隐喻，3D 打印你的思想。**

例如，北极熊可以象征某种“强壮、有力和北欧化的事物”。

引导师可以帮助参与者为他们使用的积木赋予意义，并将其转化为适当的隐喻。

## 用乐高®积木进行隐喻

帮助参与者通过简单的搭建来讲述内容丰富的故事。

艺术家肖恩·肯尼（Sean Kenny）用乐高®积木展示的北极熊（乐高工作法技能）

© 肖恩·肯尼，2016

小孩用乐高®积木展示北极熊

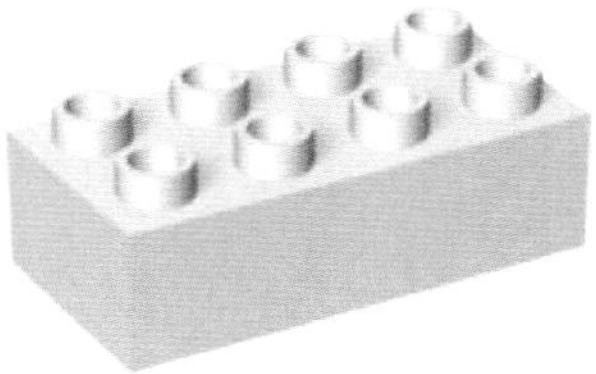

乐高®认真玩®工作坊展示的北极熊

## 专题游戏："解释这个！"

**里洛**

"解释这个！"任务中可以应用的主题有很多。你可以按照第 86 页的引导说明，请参与者任意选择主题来搭建模型，并分别请他们解释各自模型的含义，如"婚姻""天气""基因工程"等。

我也用主题搭建的方式来进行"解释这个！"任务，这样可以帮助参与者思考他们要讨论的概念。比如：

- 对于团队建设工作坊，我会让参与者用随意搭建的模型来解释"团队、同事或友谊"。
- 对于战略工作坊，我会让参与者用随意搭建的模型来解释"未来、目标或成就"。
- 对于身份探索工作坊，我会让参与者用随意搭建的模型来解释"另一个自我、更深层次的自我或作为孩子的自我"。
- 对于产品研发工作坊，我会让参与者用随意搭建的模型来解释"客户的愿望或很酷的产品"。
- 对于创新工作坊，我会让参与者用随意搭建的模型来解释"研发或技术的突破与革新"。

这种做法非常有趣，而且很有效。人们意识到，他们可以用自己随意搭建的模型来解释一些他们熟悉的话题。在技能构建过程中，思考工作坊中即将出现的概念，能够为接下来的流程创造一个积极的场域。

用乐高®积木进行隐喻：

**1. 海平面上升**

用乐高®积木进行隐喻：

**2. 气候变化**

用乐高®积木进行隐喻：

**3. 禽流感**

用乐高®积木进行隐喻：

**4. 提高多样性**

举一个反面的例子，有一个具有环境保护和社会意识的团队，他们被要求在构建第三级别系统模型的过程中搭建“化学剂”模型，展现“化学剂”对愿景的影响因素或受愿景影响的因素。

这些照片显示了不同水平的隐喻。在图片 1 中，乐高®得宝®系列积木在顶部加上白色底板，象征着海平面上升：一个简单的建筑，只有几块积木，代表了一个很大的概念。图片 2 看起来像一棵棕榈树，但在这个模型中，它代表了气候变化。图片 3 更直白，代表禽流感。图片 4 象征着社会日益多样化。

## 技能 3：讲故事

讲故事有助于加深记忆。参与者用模型讲述了丰富有趣的故事，即使是很久以后，他们也有可能记得彼此在工作坊中所说过的话。

用模型讲故事是乐高工作法支持增强沟通的基础。这种技能要求故事讲述者使用模型，而要求聆听者用眼睛和耳朵同时“听”。为此，引导师必须掌握 4 个基本引导原则。

## 增强沟通的 4 大原则

这是引导师必须遵守的 4 个基本引导原则，是乐高工作法中独一无二的引导需求。

## 原则 1
## 启发 3 种增强沟通的模式

**人们发现，在应用乐高工作法过程中，沟通会更加有效，因为它促使参与者调动多感官来沟通，包括听觉、视觉和动觉。**

这3种模式让参与者能够更充分地互相沟通：

- 用言语解释想法；
- 解释模型中每个积木的含义；
- 手拿模型，从模型的不同角度详细解释它。

在乐高®认真玩®工作坊里，当参与者的注意力离开积木时，基于视觉和动觉的沟通就消失了，他会开始基于自己的想法来讲故事。如此一来，听众也很容易走神。

**引导师的工作是帮助参与者快速学会如何把积木当作增强沟通的一种形式，并帮助他们将注意力始终集中在积木上。**

## 原则 2 帮助参与者用模型讲故事

**乐高工作法最常见的陷阱是参与者没有基于他们搭建的模型来讲故事。**

技能构建是一个关键环节，它能帮助参与者了解到讲述模型故事的重要性，并激活增强沟通的 3 种模式。

从最初的热身活动，到每一轮的分享，都要让参与者关注核心思想。

“用模型来讲故事。”“触摸并指向模型的不同部位。”“用眼睛聆听。”“对其他人的模型的含义保持好奇。”

如果参与者能在这些方面做得很好，那么引导师要对他表示肯定，这有助于参与者团队养成好习惯。请留意那些搭建了模型却没有用它来讲故事的参与者，引导师要帮助他们意识到这一点并专注地遵循这些规则。

**在技能构建的过程中，坚定且礼貌地确立这一规则，对接下来的环节会大有裨益。**

## 原则 3
## 确立用眼睛聆听的准则

**聆听是一件困难的事情。在很多会议中，人们都不太善于聆听。乐高工作法可以帮助人们解决这个普遍存在的问题。**

相较于传统的“演讲式”沟通，在乐高®认真玩®工作坊中，人们更加善于聆听，因为他们可以同时用眼睛和耳朵一起聆听。

在乐高®认真玩®工作坊中，当聆听发生时，每一双眼睛都聚焦于一点，专注地看着正在被解释的模型的某个部位。

在聆听的过程中，讲述者不要与他人有眼神交流，而是要把注意力集中在自己所解释的模型上。

**引导师如果察觉到所有参与者都在用眼睛聆听，就要明确地指出并鼓励这种积极的行为。并且，引导师可以询问讲述者在被聆听时是什么感受。**

## 原则 4
## 鼓励参与者对模型保持好奇心

**当讲述者讲述模型的故事，当听众用眼睛聆听时，引导师应鼓励所有参与者对模型的意义保持好奇心。**

这些模型允许听众探寻它更深层次的含义。要让参与者遵循乐高®认真玩®礼仪，并鼓励参与者对模型保持好奇心。

如果有人想探寻模型更深层次的含义，那他可以提出这样的问题，如“上面的蓝色积木有什么意义吗”“旗帜上的花朵有什么样的含义呢”。

当然，如果这些部位没有含义，我们仍然应该鼓励讲述者表达其模型可能具有的其他含义，可能听众的探寻式问题能帮助讲述者发现尚未讲述的意义，甚至帮助他挖掘模型的新含义。不过，模型的所有含义都是讲述者赋予的，请注意不要让听众去定义。

**作为引导师，你的工作是帮助团队进行有意义的交流。保持好奇心并鼓励参与者保持好奇心！**

引导师可以在

技能构建环节实践

这些基本引导原则，

这是一个适当的时机。

# 乐高®认真玩®基本引导原则

启发 3 种增强沟通的模式；

帮助参与者用模型讲故事；

确立用眼睛聆听的准则；

鼓励参与者对模型保持好奇心。

## 共创模型：增强沟通

## 舞台中央的模型

请想象一下你正在展示你的模型，不是在工作坊中，而是在舞台上……

# 把你的模型放在舞台中央。

像导演、解说员或木偶大师一样，把模型放在舞台中央，让它成为观众关注的焦点。**不要看着观众或与他们进行眼神交流，因为这样做会使他们把注意力从模型转移到你身上。要把你的目光完全聚焦在模型上。**

**讲述模型故事：**用听觉、视觉和动觉来交流……像木偶大师一样，**讲述、展示并让你的模型动起来**。让你的模型活起来。

……如果你能做到这些，观众将**会用眼睛聆听**，并**对你的模型充满好奇。**

展板 5

我们强烈建议你先在一个相对安全、低风险的环境中做两三次技能构建练习，然后再尝试为重要的工作坊提供引导。在工作坊开始之前可以将引导说明下载下来，并根据自己的需要进行编辑调整。

在工作坊开始之前，你最好尝试搭建你想让参与者搭建的模型。这样做也许能帮助你发现一些问题从而改善你的计划。

采用一种引导的方式来掌控工作坊的节奏，却又不会让参与者感到被控制，这实在是一个微妙的平衡。如果你想掌握这些技能，请考虑参加以实践为基础、同行互学式的培训课程。本书第 7 章介绍了一些培训类型，你可以据此评估哪些类型的培训将为你提供所需的技能。

接下来的引导说明提供了一个有代表性的技能构建环节示例，介绍了其具体的操作细节。技能构建环节的时间安排以 6 人团队做了优化，这样一个工作坊至多需要一小时。第 5 章也提供了 5 个引导说明示例，也许能帮助你获得更多想法以及知晓如何将这些想法付诸实践。

请注意：唯一可以跳过技能构建环节的情况是你和所有参与者都拥有乐高工作法的相关技能。

## 从经验中学习：投票选出最受欢迎的想法

布莱尔

我长期在与一个组织合作，帮助他们改善领导文化和会议实践。

我们举办了一场乐高®认真玩®工作坊，为 7 人领导团队创造共同愿景。当然这是从乐高工作法技能构建开始的。

几个月后，他们开始审查商业计划，写在计划草案封面上的正是他们的“组织价值观”。而这些价值观并不是我所看见的、他们正在执行的价值观，所以我向团队提出了这个问题，他们也一致认为这些价值观是不准确的。

当时我的包里正好装了一些乐高®套装，我建议他们再次启用乐高工作法，每个人用 2 分钟单独搭建，用模型来呈现他们觉得在商业计划中需要践行的关键价值观。

在每个人搭建完成并讲述他们的模型故事时，我在引导说明卡片上总结了一些关键思想。之后，我给了每人 3 个积木来投票，选出他们认为最强有力的价值观。整个干预过程只花了不到 10 分钟，然后一套大家一致同意的正确价值观就此确立了。

乐高工作法技能构建 | 2016 年 8 月 1 日 | 14：00—15：00 | 4 号会议室

**目标**
培养参与者的乐高工作法技能，时长 60 分钟

| 时间 | 模块 | 目标 | 流程 / 说明 |
| --- | --- | --- | --- |
| 30 分钟<br>这是基于 6 人小组的时间安排 | 准备阶段 | **布置好场所** | 所需设备：<br>• 引导说明<br>• 乐高®积木。随手可取，可以放在小袋子里，也可以放成一堆，或者可以摆放成马蹄形或圆圈<br>• 计时器或秒表（手机里的应用程序）<br>• “解释这个！”卡片（需提前下载）<br>• A3 礼仪展板（需提前下载）<br>• 精心挑选的音乐 |
| 1 分钟 | 致欢迎辞 | **让参与者感到舒适，处理怀疑的声音** | “发自内心”对团队文化表示欢迎<br>有时，让参与者说出自己的怀疑有助于消除他们对乐高工作法所持的怀疑态度<br><br>让参与者相信工作坊流程，并在接下来的 1 小时内对乐高工作法保持开放的态度 |
| 2 分钟 | 目标 | **明确工作坊的目标** | 确立工作坊的目标、计划或路线图 |

# 引导说明

这是一套标准的适用于 6 人小组的技能构建引导流程。

留出时间来布置会议室。确保桌子上除了积木，没有其他任何东西。这有助于参与者看到小的模型。

音乐。考虑列一个能持续播放两三分钟音乐的清单，这对搭建任务很有帮助。我们在实践时常常使用蓝牙音箱。

音乐也许能帮助参与者专注于搭建任务，你可以选用一些简短的音乐来作为倒计时的提醒。例如，你可以说："在猫王的歌曲播放完之前，请搭建完成。"

在大部分情况下，技能构建都是探索主题工作坊的起点。

确保参与者对乐高®认真玩®工作坊中的流程达成一致和充分的理解，这将大有益处。

技能构建环节使用乐高®认真玩®窗户套装和新手入门套装的组合，这些套装呈马蹄形摆放在参与者触手可及的位置。

乐高工作法技能构建 | 2016 年 8 月 1 日 | 14：00—15：00 |4 号会议室

**总体目标**
培养参与者的乐高工作法技能

| 时间 | 模块 | 目标 | 流程 / 说明 |
| --- | --- | --- | --- |
| c.12 分钟<br><br>（1 分钟制定任务<br>+2 分钟搭建<br>+2 分钟说明<br>+1 分钟互相分享） | 技能 1：<br>搭建技术<br><br><br>搭建模型<br><br><br>分享<br><br><br>反思 | **帮助参与者掌握搭建技术，让他们有信心使用积木** | 1. **挑战：制定任务。**第一个任务很简单，那就是尝试连接积木<br>**任务**：用 2 分钟时间来搭建一个高塔模型<br>**开始计时并 / 或播放音乐**<br>音乐：猫王的 *A Little Less Conversation*<br>2. **搭建。**1 分钟后，告诉参与者："你还有 60 秒的搭建时间。"<br>2 分钟后，询问有没有人需要更多时间，如果没有，那么请参会者停止搭建<br>3. **分享（每人 1 分钟）。**告诉参与者："如果继续搭建，那很难听到别人在说什么，所以你们是否都准备好去聆听别人的故事了？"<br><br>> 引导师的指示：<br>• 鼓励参与者讲述模型故事；把模型拿起来，指着模型讲故事，可以触碰正在解说的那个部位<br>• 鼓励大家同时用眼睛和耳朵来聆听<br><br>4. **反思：**"你有怎样的反思？"<br>你也许可以提供一些额外的补充：简单的模型。每个模型都不同。没有错误答案 |

# 引导说明

第一个任务的目的是培养参与者的技术技能。

第一个任务旨在让参与者适应拼搭积木，让参与者按照核心流程学习使用模型来增强沟通。有些团队中可能会有人相对熟悉乐高®积木，但也有一些人可能很久没有玩甚至从来没玩过乐高®积木。

音乐可以播放，也可以不播放，并且，播放什么由你决定。

开始分享之前，要先向参与者展示 A3 展板上的核心流程和礼仪，帮助参与者了解核心流程的 4 个步骤，并在现在的任务中对应上这 4 个步骤和礼仪。

开始引入基本引导原则，并且鼓励参与者使用增强沟通的技能。鼓励参与者讲述模型故事。对那些没有使用模型来讲述故事的参与者，可以通过提问“这部分的积木是什么意思”，从而让他们的注意力回到模型上。

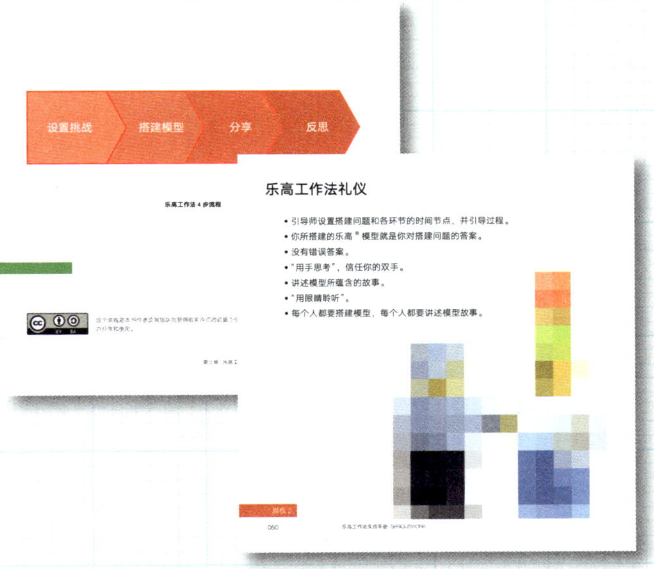


如果你用的是窗口探索套装（见第 3 章），那么请让参与者只使用黑色底板以及绿色和橙色积木。限制积木类型的做法有助于表明，即使是相同的积木，也能创造出不同的结果。

乐高工作法技能构建 | 2016 年 8 月 1 日 | 14：00—15：00 | 4 号会议室

**目标**
培养参与者的乐高工作法技能

| 时间 | 模块 | 目标 | 流程 / 说明 |
|---|---|---|---|
| c.10 分钟<br><br>（1 分钟制定任务<br>+1 分钟搭建<br>+2 分钟说明<br>+30 秒分享） | 技能 2：<br>隐喻<br><br>解释这个！ | **帮助参与者学会用积木进行隐喻** | 1. **挑战：** 制定任务。第二个任务的目的是帮助参与者学会用积木进行隐喻。你可以将这个过程想象成一个游戏，游戏的名字叫作“解释这个！”<br>2. **搭建：** 让参与者用 5 个积木随意搭建一个模型，时长设定为 30 秒<br>**开始计时**<br>**当所有人都搭建好后，向他们解释如何用积木进行隐喻**<br>介绍“解释这个！”的玩法。<br>3. **分享（每人 30 秒）：每人轮流分享，给参与者一张卡片，请他们按卡片上的提示来解释各自的模型**<br><br>> 引导师：验证参与者所说的故事。<br><br>4. 反思：“你有怎样的反思？”<br><br>引导师可以提供一些额外的补充：一个积木可以代表任何意思 |

流程

请用 5 个积木搭建下面这个主题的模型。

**星际旅行**

解释这个！

## 引导说明

第二个任务的目的是帮助参与者学会用积木进行隐喻。

**流程**

请用 5 个积木搭建下面这个主题的模型。

**星际旅行**

解释这个！

在开展这项任务之前，请参与者先回收高塔模型的积木。

解释说明孩子平常如何使用乐高积木：让模型和头脑中的想法“看起来像”。请找一块 4×2 的白色积木，告诉参与者，你可以用它来代表北极熊。

你不需要搭建一个惟妙惟肖的北极熊模型，你可以只用一个白色的积木来代表北极熊。同理，你也可以用积木来代表“良好的健康状态”、“蛋糕”或“民主”。这就是用积木来进行隐喻。

首先，给每个参与者发一张卡片。每张卡片上都有一两个词——可能是关于事物的，也可能是关于某个概念或想法的。其次，请参与者公布自己卡片上的词，然后搭建一个模型，基于模型对卡片上的词加以解释。有些参与者可能会觉得“解释这个！”的游戏很简单，但有些参与者可能会觉得很难。这取决于他们搭建出的模型外观以及他们的想象力。

如果有人无论如何都无法解释卡片上的词，那么你可以询问是否有其他人愿意试着来解释一下，用他们自己已经搭好的模型或者根据这个词再搭建一个模型都是可以的。如果没有人愿意，你也可以自己来解释。

在这个游戏过程中，你会感到参与者越来越容易引导。游戏结束时，请向参与者致意，让他们意识到，在这里，即使没有事先准备，也仍然可以随意讨论任何事情。

乐高工作法技能构建 | 2016 年 8 月 1 日 | 14：00—15：00 | 4 号会议室

| **目标**<br>培养参与者的乐高工作法技能 | | | |
|---|---|---|---|
| 时间 | 模块 | 目标 | 流程 / 说明 |
| c.20 分钟<br><br>（1 分钟制定任务<br>+3 分钟搭建<br>+2 分钟说明<br>+1 ～ 2 分钟分享） | 技能 3：<br>讲故事 | **让参与者学会用模型来讲故事，在这个过程中纳入增强沟通的技能** | 1. **挑战：** 制定任务。第三个任务的目的是让参与者学会用模型来讲故事<br>2. **搭建：** 用 3 分钟搭建一个模型，讲一个关于……的故事<br>**开始计时并 / 或播放音乐**<br>音乐：法瑞尔 · 威廉姆斯（Pharrell Williams）的 *Happy*<br>倒计时开始……还剩 2 分钟……还剩 1 分钟……有人需要更多时间吗？<br>3. **分享（每人 1 ～ 2 分钟）：** 请参与者分享他们的模型故事<br><br>> 引导师的指示：鼓励参与者对其他参与者的模型保持好奇心<br><br>4. **反思：**“你有怎样的反思？”<br>信任你的双手，用手思考；讲述你的模型故事<br>> 对别人的模型保持好奇心 |
| 5 分钟 | 反思 | 请参与者分享对于技能构建环节的反思 | 在完成技能构建的最后一个任务后，请参与者分享他们的反思。他们现在是怎样看待乐高工作法的？乐高工作法的效果如何？操作起来难吗？ |

## 引导说明

第三个任务的目的是让参与者学会用模型来讲故事，并在这个过程中纳入增强沟通的技能。

制定任务，促使团队愿意继续下去。

问题 / 任务设置。你可以选择的搭建任务有很多，让参与者搭建一个模型，比如“梦想中的假日”、“噩梦般的老板”、“我的一个隐藏技能”以及“我最骄傲的一项个人成就或者职业成就”等，并讲述模型故事。

不过，如果参与者中有老板，那你可能不会选择“噩梦般的老板”作为搭建任务。当你的目标是要建设团队批判性的洞察力时，那么，你可以让大家搭建比如“噩梦般的邻居”模型。

如果你不想让参与者对某个事物加以批判，那么你可以把注意力放在积极的事情上，比如“梦想中的队友”或是“我最骄傲的成就”等。

这是另一个有机会去尝试引入基本引导原则和增强沟通的技能。到这个阶段时，你会知道哪些参与者能按照乐高工作法的礼仪自然地展现恰当的行为。

你可以考虑请掌握了这项技能的参与者先开始。当他们讲述自己的模型故事时，自然能将团队的注意力吸引到正在发生的过程中，让团队成员明了该如何说、如何做。

如果有些人没有使用他们的模型来讲故事，或者没有使用你介绍的技巧来讲故事，那团队的注意力很快就会分散。你不用去强调他们这样做不对，只要指出发生了什么就可以。

对模型保持好奇心，鼓励其他人去询问不同积木意味着什么，或者不同积木之间是什么关系。

第 5 章

# 乐高工作法的 5 大应用

SERIOUSWORK

5.1 目标设定

5.2 团队建设

5.3 创意激发

5.4 愿景共创

5.5 价值观与行为探索

### 本章目标：

- 让你能成功引导 5 个常见的工作坊。

本章案例主要集中于第一级别构建，仅在第 5.4 节简要介绍一下第二级别构建。

接下来，我们就从一个简单的操作流程开始，逐步进入更加复杂的操作流程。

在每一个案例中，我们都会先介绍它的背景，然后再分享我们基于乐高工作法制订的工作坊计划。我们还展示了在工作坊中使用的引导说明笔记，包括如何准备、运行和跟进等流程。

通过这些案例，你将了解我们的想法是如何得到实践应用并产生了怎样的成果的。

在实际应用时要根据你自己的需求来制订计划。

在此要强调一点，我们不提倡把这些流程拿来直接使用，我们提供这些参考内容是为了更好地辅助你去准备并运行自己的工作坊。

要充分利用准备阶段的想法，建立目标逻辑，将所确定的目标转化为具体流程，这对成功举办工作坊是至关重要且首要的。

这必不可少的准备阶段可以帮助你与工作坊的利益相关者就目标和流程达成共识，并对工作坊的预期成果达成共识，以达到预期结果。

一旦你们明确探讨过流程或对目标达成了共识，就可以迈出第二步了。

准备引导说明，它将为你在工作坊中的每一个细节动作提供指导。

下面，让我们来看看在 5 个常见工作坊中如何应用乐高工作法。

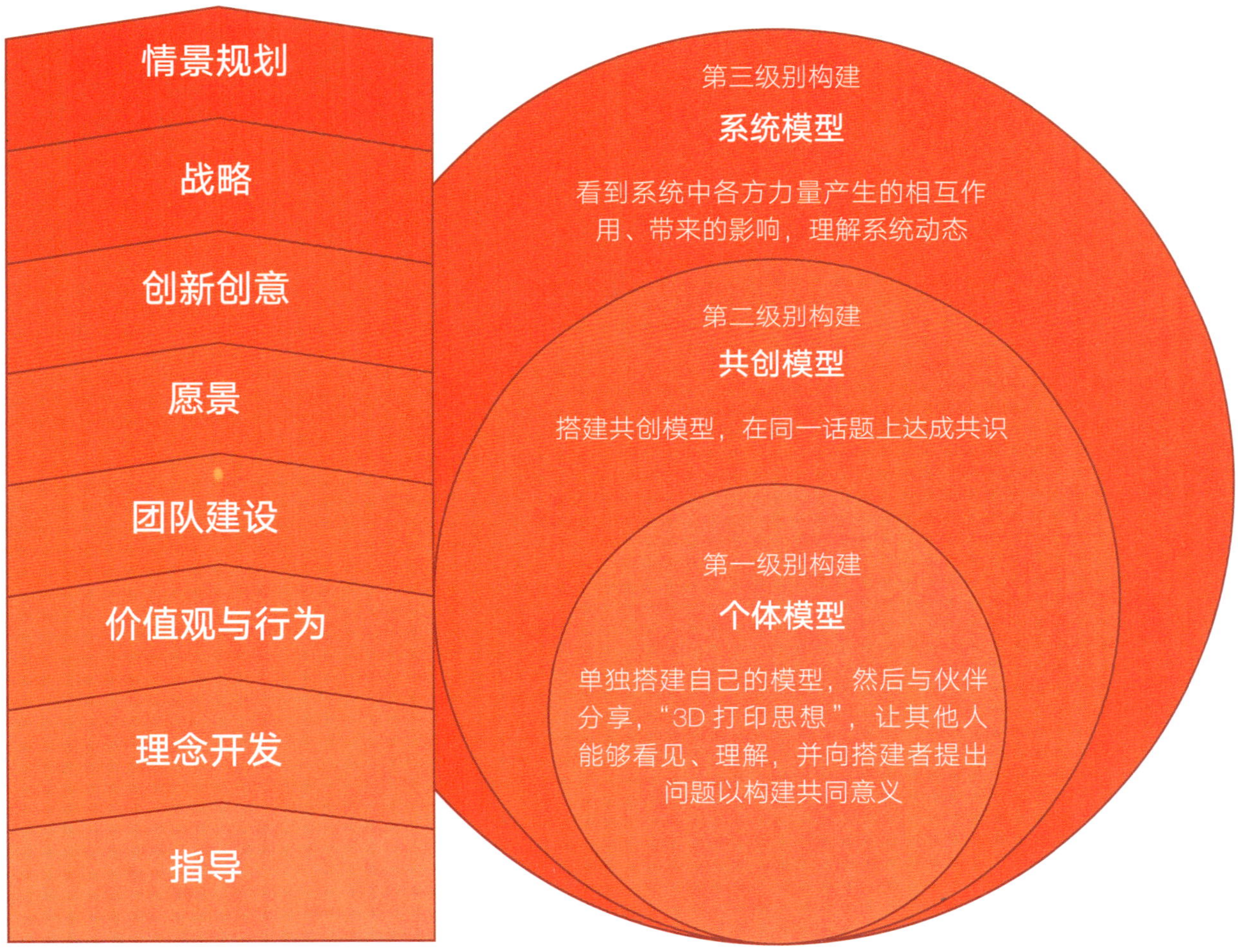


三级构建能力及其应用场景

我们即将对聚焦于第一级别构建的案例展开介绍。

# 5.1 目标设定

## 目标设定工作坊

### 一位伙伴，用时 1 小时

在这个初学者案例中，我们将分享一个一对一的目标设定工作坊。这种工作坊非常适合作为你的首次尝试，你可以和朋友或同事展开对话。

在第一次开展乐高®认真玩®工作坊时，请选择非正式的环境和友好的参与者。因为这样的情境会让你感觉放松，并且有助于你展现最佳状态。请一位朋友来做你的“客户”，只需要 1 小时就可以了。

和其他类型的乐高®认真玩®工作坊相比，这种一对一的对话方式对空间的要求并不高。办公室、自助餐厅、酒店大堂……只要你和客户都觉得环境舒适，就可以在任何地点开展对话。甚至，只要有一张能搭积木的小桌子就够了。

如果空间允许，你可以把椅子并排摆放或以一定角度摆放，只要方便你们就模型进行互动就可以。

你还需要准备好新手入门套装以及笔记本和笔，用来记录关键点。要保证字迹清晰，这样当会谈即将结束时，你可以与客户一同回看笔记本上的摘要。

目标设定工作坊 | 2016 年 2 月 11 日 | 14：00—18：00 | 里洛的办公室 | 第 1 版

| **总体目标**<br>设定目标并制订行动计划 | | | |
|---|---|---|---|
| 时间 | 模块 | 目标 | 流程 / 说明 |
| 5 分钟 | 准备阶段 | **根据工作坊的需要布置场所** | 你需要准备：<br>• 一张桌子，并在桌子旁并排放两把椅子<br>• 乐高®积木——推荐使用新手入门套装<br>• 用于记录的翻页写字板、纸和笔 |
| 5 分钟 | 技能构建 环节 1 | **熟悉乐高®积木** | **搭建一个高塔模型** |
| 5 分钟 | 技能构建 环节 2 | **向参与者介绍乐高工作法**<br>**让参与者学会两个技能：**<br>• **讲故事**<br>• **隐喻** | 说明乐高工作法的原则，引导参与者掌握搭建技巧<br>**“用 3 ~ 4 块积木，跟随你脑海中闪现的第一个想法把它们拼搭起来。”**<br>“然后，请用这个模型来讲故事。”<br>如果参与者没有使用任何隐喻，那么请他进行“解释这个！”游戏，拿出印有不同场景的卡片，让他解释这些场景（见第 89 页） |
| 10 分钟 | 搭建未来目标 | **识别并探索目标** | 向参与者提出要求：**“请搭建一个或多个模型来呈现你觉得重要的个人或职业目标。”——4 分钟**<br>请参与者讲述其模型故事，并根据模型提问 |

# 引导说明

在开始设定目标之前，先和参与者简单讨论一下要设定怎样的目标，是个人目标、职业目标，还是两者兼有。

在技能构建环节使用的流程方法和第 4 章大型工作坊中的方法一样，用 A3 展板来讲解乐高工作法的流程和礼仪。

隐喻是参与者需要掌握的一项重要技能，它能让他们摆脱对于搭建复杂模型的执念，从而将精力解放出来，学会用简单的甚至单个积木来表达复杂的想法。

为了让参与者更明确地了解如何进行隐喻，你可以用一块 2x2 的白色积木来代表北极熊、民主制度（积木上有等大的钮钉）、健康或蛋糕！

你也可以和参与者一同玩“解释这个！”卡片游戏，具体方法见第 89 页。

目标设定工作坊 | 2016 年 2 月 11 日 | 14：00—18：00 | 里洛的办公室 | 第 1 版

**总体目标**
设定目标并制订行动计划

| 时间 | 模块 | 目标 | 流程 / 说明 |
|---|---|---|---|
| 10 分钟 | 现状 | **探索参与者的现状** | **“搭建一个或多个模型来呈现与目标相关的现状或客观现实”**<br><br>搭建好模型后，反思现状与目标之间的不同之处 |
| 5 分钟 | 阻碍 | **找出阻碍目标实现的因素** | 请参与者搭建“路障”模型<br><br>**“搭建一个模型来呈现阻碍目标实现的因素”**<br><br>与参与者一同对模型进行反思 |
| 5 分钟 | 行动计划 | **制订行动计划** | 请参与者为越过“路障”制订一个简单的行动计划<br><br>**“现在请搭建你的行动计划，它能帮助你跨越最艰难的阻碍”** |
| 5 分钟 | 反思 | **反思见解或含义** | 请考虑一下是否需要向参与者展示你的笔记 |
| 10 分钟 | 总结并记录 | **了解参与者对工作坊成果的反馈** | 请参与者反思工作坊的价值。请他们为自己搭建的模型拍照留影 |

# 引导说明

你可以将“目标模型”放在桌子的另一端，然后请参与者搭建一个或多个模型，并讲述关于现状的故事。

请参与者把参考“目标模型”搭建好的“现状模型”摆在一起，这样的画面也许能揭示一些信息。

“路障”模型可能代表着外部或内部因素（态度、心态等），也可能两者皆有。如果有必要，你要让参与者勇敢诚实地面对它们。这些模型也许会让参与者感觉受到了攻击。

在这个环节中，参与者可以制订行动计划，从而引导自己克服阻碍，逐步实现目标。

这时便利贴可以派上用场，让参与者在为模型拍照之前简要地标注一下关键想法。

Future Learn

# 5.2 团队建设

**团队建设工作坊**

**12 位参与者，用时 4 小时**

**感谢来自 Future Learn[①]平台的瑞塔 · 费韦雷罗（Rita Fevereiro）及其团队允许我们分享这个案例。**

## 背景介绍

团队工作的一个难点是沟通问题。在团队中，人们很难说出自己真实的想法，或者诉说自己的现状或对这个世界的看法。人们也很难敞开心扉，去倾听别人的所见所闻、认知和信仰。

**什么是高效团队？高效团队就是：**

- 因共同且有意义的目标而集结在一起；
- 专注于实现共同的目标；
- 秉承着共同的价值观行事；
- 沟通顺畅；
- 彼此信任；
- 能通过反馈不断学习进步。

团队建设是一个持续的过程，它可以帮助团队发展建立凝聚力。当团队成员怀着共同的期望来完成团队任务，并彼此信任、互相帮助时，团队中就会生发出健康的文化。

① Future Learn是英国的第一个MOOC平台，由具有近50年远程教育经验的英国公开大学于2013年创立。英国公开大学是目前世界上发展最成熟的在线大学，也是英国本土及欧洲最大的学术单位。Future Learn自2013年9月在线上推出第一门课程，至今已经累积了将近800万的用户群体。——译者注

通过乐高工作法来进行团队建设，可以：

- 建立信任；
- 增强开放性；
- 增强沟通；
- 尊重差异化；
- 提高创造力。
- 对完成团队任务拥有共同的期望。

这个案例展示的是一个团队通过乐高®认真玩®工作坊来建立信任、发掘潜在优势以及互相提供反馈意见。

这个工作坊帮助他们建立了共同的团队愿景，明确了大家希望摆脱的消极行为以及他们希望看到的更多积极行为。

费韦雷罗阐明了她希望通过工作坊实现的一系列目标，之后我们一同商定了工作坊的总体目标：

创建一个拥有明确愿景的强大团队，了解实现愿景所需的积极行为和阻碍实现愿景的消极行为。

## 准备阶段

随后，我们将这个总体目标转化成了工作坊的引导流程计划（见下文）。费韦雷罗和我一起审查并做了微调，以确保这个计划能让她达成预期目标。

这个案例的重点是用乐高工作法来增强沟通、提供反馈、创建开放氛围和建立信任。

在这个案例中，我们不会详细探讨愿景和行为问题，这些内容将在第 5.4 节和第 5.5 节展开介绍。

在团队建设工作坊中，引导师通常会给参与者 2 小时的时间来学习相关技能，并且注重建立信任、开放沟通和尊重差异化。

在开展工作坊之前，请确保会议室足够宽敞，并且有活动所需设施。一般情况下，一场有 12 名参与者的工作坊需要可容纳 20 ~ 30 人的空间。如果拼桌，请务必铺上桌布，以确保积木不会从桌缝中掉落。

鉴于此类工作坊的规模和复杂性，最好用 1 小时的时间来布置场所，包括摆放桌椅，改变传统的会议场所布局，使之更符合工作坊的需求，比如准备团队工作用的主桌、用于搭建共创模型的工作桌（不要放椅子）和专门堆放积木的桌子等。

共创模型搭建桌
各种积木
铺黑色桌布
按 3×4 的布局摆
放椅子
用来播放音乐和
计时的 iPad
引导说明

1 号托盘中装有
4 种积木
4 张桌子中
有 1 张用来堆放积木
组合用底板积木

Future Learn | 团队建设工作坊 | 2016 年 1 月 21 日 | 14：00—18：00 | 英国公开大学 | 第 3 版

**总体目标**
创建一个拥有明确愿景的强大团队，了解实现愿景所需的积极行为和阻碍实现愿景的消极行为

| 时间 | 模块 | 目标 | 流程 / 说明 |
|---|---|---|---|
| 60 分钟 | 准备阶段 | **根据参与者和工作坊的需要布置场所** | 引导师布莱尔根据工作坊的需要准备：<br>• 团队的工作桌<br>• 2 ~ 3 张堆放积木的桌子<br>• 放置共创模型、最终成果模型以及反馈模型的桌子<br>• 视频设备<br>• 照相机、三脚架和话筒<br>• 带名字的胸卡<br>• 音乐 |
| 5 分钟 | 致欢迎辞 & 明确目标 | **明确工作坊目标** | 费韦雷罗和市场部负责人致欢迎辞，向参与者说明了举办工作坊的目的以及要达成的目标<br><br>介绍引导师布莱尔 |
| 5 分钟 | 工作坊流程概述 | **让参与者了解工作坊的流程和形式** | 布莱尔对工作坊概况做简要介绍<br><br>团队建设工作坊<br><br>享受并发现益处<br>尊重桌面上所发生的一切<br>确保桌面上只有积木和卡片<br>技能构建 |

# 引导说明

这个引导说明是引导师和项目发起人在工作坊开始前反复讨论了 3 次，经过优化后才最终确定的。

所有引导说明的模板都可以从网上下载，你在根据自己的目标和预期结果来做计划时，可以适当调整。

请项目发起人做简单介绍（5 分钟最佳），主要是要感谢参与者的到来，说明工作坊目标并介绍引导师。

请注意避免让领导者在一开始就发表长篇大论（超过 10 分钟的内容）。

否则，就会让参与者误认为“这些高层的想法比我们的更重要”或“这是一个自上而下的会议，而非参与式会议”，所以“我们被动参与也可以”。

显然，这和我们所倡导的参与式领导理念是背道而驰的。

Future Learn | 团队建设工作坊 | 2016 年 1 月 21 日 | 14：00—18：00 | 英国公开大学 | 第 3 版

**总体目标**
创建一个拥有明确愿景的强大团队，了解实现愿景所需的积极行为和阻碍实现愿景的消极行为

| 时间 | 模块 | 目标 | 流程 / 说明 |
| --- | --- | --- | --- |
| 40 分钟 | 技能构建 | **让参与者学会相关技能（搭建技术、隐喻和讲故事）** | 1. 搭建技术：**搭建高塔模型**（2 分钟搭建 +10 分钟分享）<br>播放音乐：*Snap Out of it*<br><br>2. 隐喻：**解释这个！**（30 秒 +10 分钟分享）<br><br>3. 讲故事：**搭建"你的梦想假期"**（2 分钟 +10 分钟分享）<br><br>播放音乐：*Happy*<br><br>要用窗口探索套装，并且使用完后要重新装袋<br><br>A3 展板：礼仪、核心流程 |
| 10 分钟 | 高效团队 | **明确工作坊目标** | 讲义：方格卡片<br><br>高效团队的两个关键特质是什么？<br>让参与者用几个词语而不是一段话来描述这个问题的答案<br><br>建立一个高效团队的关键条件是什么？<br><br>请团队反思：具备这些特质和条件就能建立一个高效团队吗？ |

# 引导说明

技能构建的全套标准流程在本书第 4 章有详细介绍。

如果你是第一次开展工作坊，那你可以在这个环节适当多留一些时间。

在每一轮分享中，都要让参与者将注意力集中在他们搭建的模型所表达的核心含义上。

引导师可以做以下提示。

“请讲一讲这个模型的故事。”“可以触摸模型，指出对应的部位。”“试着用眼睛聆听。”“请对其他伙伴搭建的模型保持好奇心。”

如果有参与者能很好地做到这些，那么引导师要给予肯定，努力培养这些集体习惯。要注意那些搭建了模型却没有用它们来讲故事的参与者，并礼貌地帮助他们集中注意力。

用 A3 展板来提醒参与者注意礼仪和基本准则，这是一个很有效的方式。

在技能构建过程中，每个参与者都有一套窗口探索套装，他们可以从中任意挑选积木来搭建。

Future Learn | 团队建设工作坊 | 2016 年 1 月 21 日 | 14：00—18：00 | 英国公开大学 | 第 3 版

**总体目标**
创建一个拥有明确愿景的强大团队，了解实现愿景所需的积极行为和阻碍实现愿景的消极行为

| 时间 | 模块 | 目标 | 流程 / 说明 |
| --- | --- | --- | --- |
| 30 分钟 | 我的身份 | **让参与者就“今天如何看待工作中的自己”进行分享**<br>按照他们眼中今天的自己搭建团队成员个体模型 | **向参与者介绍景观和身份套装**<br><br>搭建一个模型来呈现你的核心身份<br>呈现你心目中今天的自己<br><br>思考你的价值观、能力以及对自己真正重要的东西<br><br>5 分钟搭建<br><br>10 分钟分享<br><br>> 引导师指示：<br>说明这些模型是想法的具象化表现，这就像是将脑海中的想法 3D 打印出来，让想象变得有形<br><br>播放音乐：*Snap Out of It*<br>每个人有 1~2 分钟的分享时间 |
| 15 分钟 | 休息 | | |

# 引导说明

景观和身份套装中有大量不同形状的积木，包括乐高®得宝®系列积木（每一块都可与乐高®积木系列连接）、工程积木（如铰链、旋转器、动物、昆虫、骨骼和金条）。

如果参与者不知道如何将这些积木连接起来，那么引导师需要提供一些技术支持，并对如何使用套装中的积木做简要介绍。

在这个环节，引导师可以这样引导参与者："你对自己的认知可能和别人对你的认知是不同的。现在，请搭建一个模型来展示真实的自我或内在的自我，要尽量用模型表达出你的核心身份。"

在开始搭建之前，允许参与者提问并予以解答。

如果 20 秒后有人还没有开始搭建，那么引导师可提示大家注意礼仪，并"相信自己的双手"。

Future Learn | 团队建设工作坊 | 2016 年 1 月 21 日 | 14：00—18：00 | 英国公开大学 | 第 3 版

| 总体目标<br>创建一个拥有明确愿景的强大团队，了解实现愿景所需的积极行为和阻碍实现愿景的消极行为 | | | |
|---|---|---|---|
| 时间 | 模块 | 目标 | 流程 / 说明 |
| 20 分钟 | 乔哈里窗 2<br><br>信任 | **互相分享更多的自我**<br><br>**借助乔哈里窗模型来分享更多的自我（建立信任）** | > 引导师指示：<br>播放幻灯片。如果是人数较少的团队，可以用 A3 展板来介绍如何使用乔哈里窗（见第 114 页）<br><br>介绍乔哈里窗模型<br><br>之前的练习已经帮助大家展示了各自在公开场合的“开放区”<br><br>拥有高度信任的团队更高效<br><br>这个练习能让他人更好地了解你<br><br>**调整之前搭建的模型，展现一部分他人不了解的你**<br><br>你所分享的不一定是非常私密的事情（如果你想说也请放心地说），更多的可能是那些你从来没有机会分享的事情，或者是你希望其他团队成员了解的一些事情，**你觉得分享这些会让你在团队中感觉更愉快**<br><br>3 分钟搭建 + 10 分钟分享 |

# 引导说明

这个练习借助了乔哈里窗（Johari Window）的概念，我们将在后文中介绍它。

这个环节要传达的关键信息是：高度信任的团队更加高效。在乔哈里窗中，有 3 个区域有助于建立信任。

在召开工作坊前，引导师要尝试用乔哈里窗向自己发出挑战。比如，搭建你自己的公开身份模型，然后调整它以展现自我隐藏的部分。

当让参与者分享自己的“隐藏区”时，既要允许他们表达自己隐藏的一面，又要确保让他们感到安全，不要期待他们透露他们不愿透露的事情，这一点至关重要。

大家给出的答案没有对错之分。请相信，每个人在个人生活和职场中都有可能做到他们希望自己做到的事情。

通过与他人分享更多关于自我的信息，乔哈里窗练习能帮助团队建立信任。高度信任的团队更高效。

你知道的有关于自我的信息，选择分享
他人知道
开放区
公开的自我
盲区
有盲点的自我
别人知道但你自己不知道
只有你知道的有关于自我的信息，选择不分享
他人不知道
隐藏区
隐藏的自我
未知区
无意识的自我
所有人都不知道
自己知道
自己不知道

**乔哈里窗**

展板 6

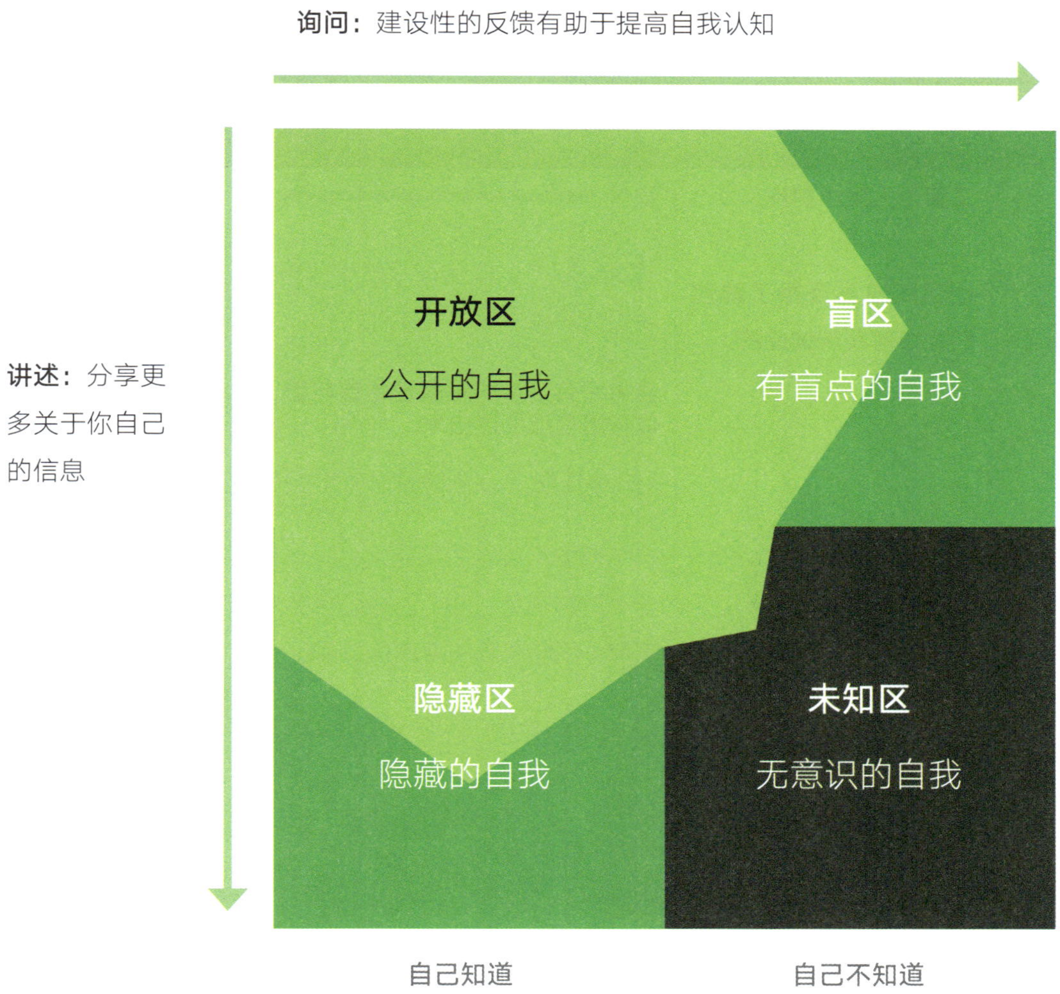


**我们可以用乔哈里窗在团队中建立信任**

高度信任的团队更加高效

他人对你了解得越多，你们之间就会越敞开心扉并且关系更融洽、更信任彼此

这会让你的人际关系得以巩固

**乔哈里窗——建立信任**

展板 7

Future Learn | 团队建设工作坊 | 2016 年 1 月 21 日 | 14：00—18：00 | 英国公开大学 | 第 3 版

**总体目标**
创建一个拥有明确愿景的强大团队，了解实现愿景所需的积极行为和阻碍实现愿景的消极行为

| 时间 | 模块 | 目标 | 流程 / 说明 |
| --- | --- | --- | --- |
| 40 分钟 | 乔哈里窗——他人眼中的你 | **了解他人眼中的你**<br><br>**让团队成员互相了解他们是如何看待彼此的** | 盲区<br><br>播放幻灯片。如果是人数较少的团队，可以用 A3 展板来介绍如何使用乔哈里窗<br><br>**请将写有名字的纸条发给参与者，让他们将对应人物的专业优势用模型搭建出来**<br><br>4 分钟搭建 +10 分钟分享 +10 分钟交换<br><br>这个模型所展示的可能是你认为他们不知道的或他们能更充分了解的优势。或者，这个优势也可能是被忽视的。大方地将那个团队成员的隐藏优势展示出来<br><br>用 3 ~ 4 个词总结这个人的优势，写在方格卡片上<br><br>• 分享<br>• 拍照留念<br>• 反思 |

## 引导说明

借助乔哈里窗来反馈。

在这个区域的任务是积极反馈，每个参与者都要**“建立一个模型来显示……的专业优势”**。但他们也可以对学习优势或发展需求提供反馈。在工作坊开始之前，要为每个参与者确定好反馈对象。

让与他人的工作关系不那么紧密或者不那么合群的人提供积极反馈是一个好做法。请准备下面这样的小纸条。

> 约翰，请搭建模型来显示凯伦在领导力方面的一个优势。

让每个参与者在搭建模型和分享其故事时对手中拿到的名字保密。

在所有人分享结束之后，让每个人轮流说出他的模型代表谁的优点，并请模型的创作者将模型送给这个人。如果你想记录下这些模型，那你可以稍后拍照留存。

这位参与者的团队成员认为他是一个有创造力和建设性的关键人物，他值得受到尊敬。

**通过这部分内容，你将了解，在团队建设工作坊中，如何用乐高工作法来展开引导工作。**

在这个工作坊中，当参与者完成团队建设的练习之后，接着打造了他们的团队愿景，识别了实现这一愿景所需的积极和阻碍实现愿景的消极行为。

119 页的引导说明简要展示了这个工作坊的其余流程。

如果你想了解愿景共创工作坊，那么你可以在第 5.4 节了解到它的具体应用。

如果你想了解价值观与行为工作坊，那你可以在第 5.5 节了解到它的具体应用。

这位参与者的团队成员认为她在压力下仍能保持头脑冷静，这棒极了！

Future Learn | 团队建设工作坊 | 2016 年 1 月 21 日 | 14：00—18：00 | 英国公开大学 | 第 3 版

| 总体目标<br>创建一个拥有明确愿景的强大团队，了解实现愿景所需的积极行为和阻碍实现愿景的消极行为 | | | |
|---|---|---|---|
| 时间 | 模块 | 目标 | 流程 / 说明 |
| 20 分钟 | 团队愿景 | **为团队在 12 个月内要实现的愿景搭建模型** | 请见第 5.4 节关于愿景共创的工作坊案例 |
| 30 分钟 | 共创模型 | **为团队在 12 个月内要实现的愿景搭建共创模型** | 请见第 5.4 节关于愿景共创的工作坊案例 |
| 40 分钟 | 积极行为和消极行为 | **找出那些有助于实现愿景的积极行为** | 请见第 5.5 节关于价值观与行为的工作坊案例 |
| 20 分钟 | 反思与学习 | **分享工作坊中的 3 重学习** | 反思、记录、分享在工作坊中学到的内容 |
| 60 分钟 | 结束工作坊 | | 给模型拍照 |

## 拍照记录模型成果

身份与反馈模型

愿景共创模型

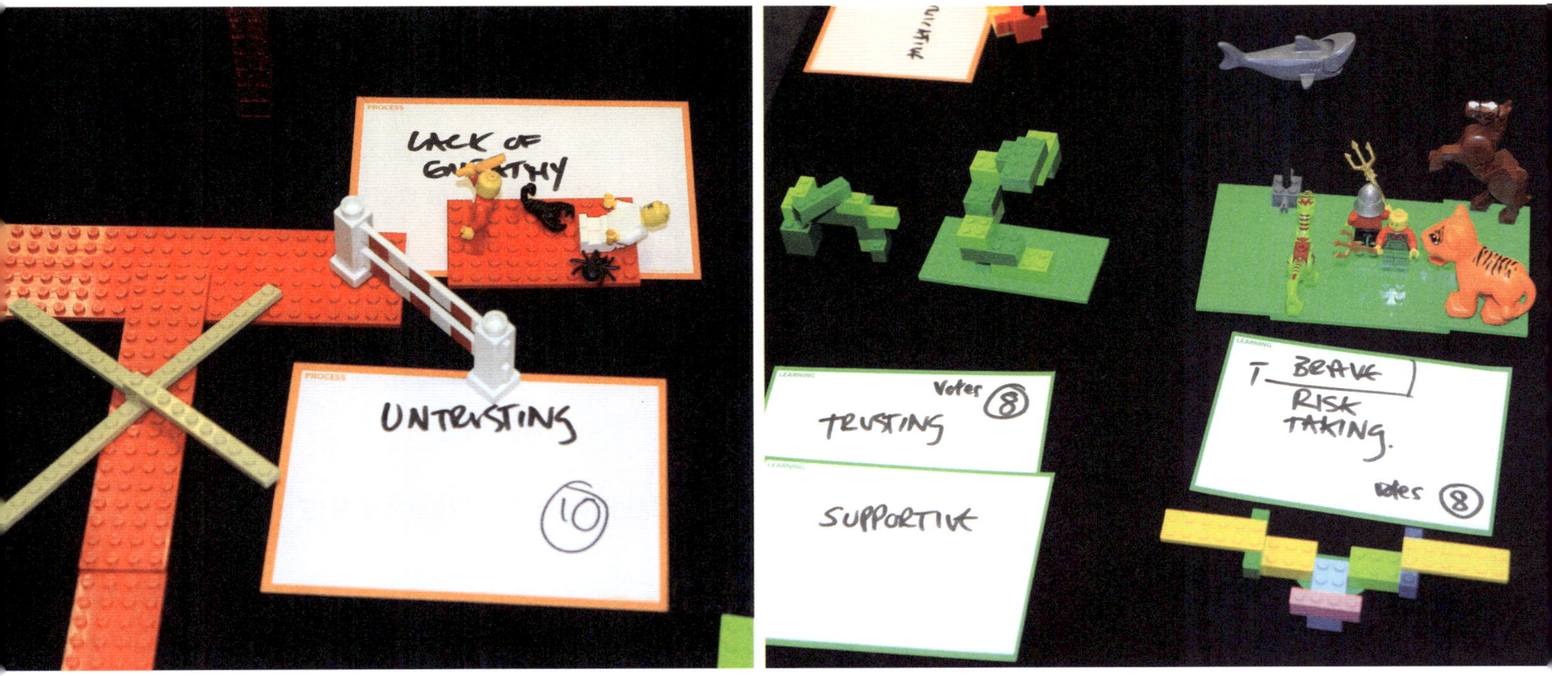


积极行为模型和消极行为模型

## 工作坊成效

接下来，我们的一位客户将分享她第一次在工作中应用乐高工作法时的一些反思和心得。下面是她的陈述。

**我们已经见识到乐高工作法作为一个有效的沟通工具的强大影响力。**

**——瑞塔 · 费韦雷罗**

### #1 人人搭建，人人分享

在工作坊中，每个人都要通过搭建乐高®模型来应对引导师提出的每一个挑战和问题。在搭建过程中，有时引导师会提供一些指导，但模型创建者更多的是在自由发挥。最重要的是，每个人都在动手搭建，并且都会分享自己所创造的东西。

### #2 没有错误答案

无论你搭建出什么，都没有对错之分。模型所呈现的，就是你的创作、想法和观点。一切都是有价值的、相关的。

### #3 强制发言分享，但自主决定内容

每个人都要对自己搭建的作品进行解释说明，但如果模型中包含一些很私人的东西，搭建者不愿意详细解释时，那么也可以不必解释那么多。我们的团队也许算是特例，每个成员都愿意敞开心扉，愿意分享更多他们自己的事情，这既鼓舞人心，又很有趣。

### #4 借助隐喻提高创造力

那些个体模型所展现出来的创造力让人惊讶不已。这种创造力的体现并不是因为每个人在搭建时使用的特别技巧，而是因为每个人都全身心投入，用想象力来诠释积木本身所无法反映的概念和想法。

### #5 用眼睛和双手听、说的能力

在工作坊中，我们一直鼓励大家用双手来解释自己的模型，也就是说，在讲故事的同时，手要不断指向模型相应的部位。

这样做有助于增强故事的现实感，也有助于提高其吸引力，因为大家都在专心地聆听——效仿讲述者用眼睛和耳朵来聆听。

### #6 单独搭建与共同搭建的重要性

我很喜欢听其他人讲他们的模型故事，我也很享受自己搭建模型的过程，看看自己的创造力有多强。能够了解每一个团队成员在个人生活和职业生涯中的“自我”，对我来说是一个很大的收获。搭建共创模型，找到那个我们共同期待的愿景，可以说是我迄今为止最愉快的经历。我们团队一起工作，然后分享彼此的关注点、愿望和动机，这种感觉真的很棒。基于 2017 年要实现的目标，我们搭建了一个共创模型，它包括一个轮子、一座动态桥、战士、一只老虎、一只大象等。当然，这些都是隐喻。

## 5.3 创意激发

创意激发工作坊

12 位伙伴，用时 4 小时

**感谢 Telia 电信公司的卡尔 · 安东（Karl Anton）及其团队愿意让我们分享这个生动的案例。**

## 背景介绍

这个案例将介绍 Telia 电信公司跨职能团队如何利用乐高工作法为交互式网络电视（IPTV）的新战略开发新的服务理念。交互式网络电视通过互联网向观众提供电视服务。

Telia 电信公司是一家大型国际电信运营商，交互式网络电视相关业务是其最重要的增长领域之一。电视服务部门负责人安东邀请里洛为他们召开了一场创意激发工作坊，以实现这一目标：

为 Telia 电视服务创造新产品和新服务理念。

### 用积木进行头脑风暴

很多人都参加过头脑风暴会议，知道它的原理，如开放思想、敞开心扉、抛弃批判思维、紧跟节奏……这为激发创意提供了一个良好的环境。乐高工作法就是一个有助于激发创意的好工具。

积木充满趣味性，工作坊中有一种开放的氛围，让人们可以畅所欲言。

引导师在整个过程中要不断调整任务节奏以让参与者进入心流状态。有时候玩一些幽默搭建，有时候轮流搭，激发创造力和趣味性。

技能建构之搭建“发明自行车”模型

创意激发工作坊有多种形式。参与者可以是少数几个人，但只要适当地应用一些技巧并做一些准备工作，就可以立刻扩展成有更多人参加的活动。这类工作坊要遵循 3 个原则：

1. 注意恰当的技能构建；
2. 保持适当的节奏和心流状态；
3. 确保所有的想法都能被捕捉到。

### 通过技能构建来构思

构思依赖于联想思维。参与者需要处于心流状态，因此让参与者使用积木时处于一种舒适的状态是很重要的。所以，千万不要在技能构建环节压缩时间或匆忙结束。

在前面几章，我们已经介绍了技能构建的第一个练习，相信你已经能熟练掌握相关技能了。

不过在创意激发工作坊中，引导师需要让参与者处于更好的状态，以便激发创造力。为此，我们提供了第四个技能构建任务：发明自行车。后文的引导说明将详细介绍这个任务。

## 准备阶段

要把积木随机混合并铺开在桌面上，这样有助于激发创意。这样的布置能让参与者一边在积木堆中翻找，一边快速联想，想到什么就搭建什么。

使用 4 张桌子是乐高工作法的进阶技能之一。我们建议第一次使用乐高工作法来进行创意环节时使用 1 张桌子，安排 4 ~ 6 位参与者。

创意模型要放在每张桌子的一角
每张桌子上都有随意混合的积木
用翻页板来记录汇总创意
引导师的桌子上可以放备用的积木、准备发给参与者的资料、iPad、音乐播放器和幻灯片播放器
小食和饮料放在门口附近
00:31

Telia 电信 | 创意激发工作坊 | 2015 年 11 月 24 日 | 15：00—19：00 | Kamahouse 工作室

| **总体目标**<br>聚焦 4 个战略方向，为 Telia 电视服务创造新产品和新服务理念 | | | |
| --- | --- | --- | --- |
| 时间 | 模块 | 目标 | 流程 / 说明 |
| 60 分钟 | 准备阶段 | **根据工作坊的需要布置场所** | • 幻灯片<br>• 表 / 计时器<br>• 每人一本学员手册、一支笔<br>• 4 张桌子，每张桌子上都有乐高 ® 积木 |
| 5 分钟 | 致欢迎辞 & 做介绍 | **向参与者介绍工作坊背景和引导师** | 由安东介绍创意日——向大家说明最近公司在市场取得的成功以及此次工作坊的目标 |
| 40 分钟 | 介绍乐高工作法 | **介绍相关技能** | 技能 1：搭建一个高塔模型（2 分钟）<br>分享并反思（8 分钟）<br><br>技能 2：讲故事——“搭出我自己”（1 分钟搭建，14 分钟介绍模型）<br><br>**搭建出“自己”，之后向其他参与者介绍你搭建的模型，强调你是谁，什么对你是最重要的！**<br><br>技能 3：隐喻。“解释这个！”<br><br>“解释这个！”（1 分钟搭建，5 块积木，10 分钟解释说明），每人都要解释自己搭建的模型，比如“我的电视机”“梦想的电视服务”“我们的客户”“电信服务的未来”等 |

# 引导说明

你可以下载这些引导说明，并根据自己的目标需求来调整。

这个工作坊安排了 4 张桌子。同时管理多张桌子（团队）需要更高阶的技能。我们强烈建议你先从 1 张桌子开始，在接受培训或成功引导过多次工作坊后，再考虑增加桌子。

A3 展板可以用来提醒参与者在工作坊中需要遵守的礼仪以及增强沟通的要求。

技能构建全流程在第 4 章有详细介绍。

这里的技能构建在讲故事环节有两个额外的任务——“搭出我自己”和“发明自行车”（见后文）。如果你是第一次举办工作坊，那要在这里多花一些时间。

Telia 电信 | 创意激发工作坊 | 2015 年 11 月 24 日 | 15：00—19：00 | Kamahouse 工作室

**总体目标**
聚焦 4 个战略方向，为 Telia 电视服务创造新产品和新服务理念

| 时间 | 模块 | 目标 | 流程 / 说明 |
| --- | --- | --- | --- |
| 20 分钟 | “发明自行车” | **技能进阶，使参与者进入创意心流** | 引导师：**搭建出所有你能想到的关于自行车的商业理念**<br>单独搭建<br>大声说出你的想法<br>把模型放在桌子中间<br>搭建下一个想法<br>搭建模型最多的团队获胜<br>10 分钟搭建，10 分钟表达想法 |
| 20 分钟 | 搭建客户画像和他们的需求 | **为 4 类客户群体搭建画像：**<br>**1. 企业雇主**<br>**2. 年轻用户**<br>**3. “Y 时代”用户（青少年）**<br>**4. 老年用户** | 针对目标客户群体提出创意<br>每个小组选择一个客户群体<br>单独搭建。**塑造客户角色，想象他们对电视和娱乐的需求，并据此搭建模型**<br>3 分钟搭建，然后分享角色故事：用马克笔将客户最重要的需求和愿望写在便利贴上 |

# 引导说明

## 创造性思维技能训练:“发明自行车”

这个技能构建环节对创意激发工作坊有很大意义，它能帮助参与者在短时间内通过多轮搭建快速学会“手力风暴”。

引导师给出故事背景:“也许你曾听到过有人说‘不要发明自行车’。但今天我们要做的事恰恰相反，请各个小组用10 分钟的时间去发明创造，搭建出所有你能想到的有关自行车的商业理念。每个人都要搭建自己的模型，每完成一个，就要立刻把它放到桌子中间，同时向自己的组员大声说出其代表的商业理念，然后继续搭建下一个想法。拥有最多创意的团队获胜！”

通常，参与者想出的第一个点子可能会很普通，比如自行车商店，有关自行车的服务、租赁业务以及自行车比赛等。不过，他们的点子很有可能会越来越有趣，比如自行车比萨快递、骑行 App、自行车博物馆或独轮车马戏团等。

在这个环节接近尾声时，他们的创意已经得到了充分激发，他们的点子变成了宠物自行车、室内装饰自行车、自行车发电机、自行车形比萨刀、会议自行车或圣诞老人骑行活动等。

在这个过程中，参与者能够沉浸其中，并享受到很大的乐趣。如果参与者进入心流状态，那么他们搭建一个点子甚至只需要一两分钟。因此，3~5 人的小组通常可以产生 8~16 个关于自行车的商业创意理念。

引导师要用倒计时的方式，从 5 数到 1，宣布“现在请停止搭建”。请参与者数一数他们的创意模型，看看哪组最多，然后请他们对自己的点子稍作回顾后，再向其他小组展示。

Telia 电信 | 创意激发工作坊 | 2015 年 11 月 24 日 | 15：00—19：00 | Kamahouse 工作室

**总体目标**
聚焦 4 个战略方向，为 Telia 电视服务创造新产品和新服务理念

| 时间 | 模块 | 目标 | 流程 / 说明 |
|---|---|---|---|
| 30 分钟 | 分享关于客户画像及客户需求的想法 | **小组之间互相分享想法** | 分享、聆听和反思<br>一组分享时，引导师要带领其他 3 组到这组的桌子旁聆听<br>+ 提问和反思 |
| 15 分钟 | 休息 | | |
| 10 分钟 | 创造全新商业理念 | **创造新产品或新服务理念以满足你的客户角色的需求** | 引导师：**以客户画像为依据，建立能满足他们需求的新产品或新服务理念**<br>单独搭建<br>大声说出自己的想法<br>把模型放在桌子中间<br>搭建下一个想法 |
| 10 分钟 | 小组之间互相分享并记录 | **展示针对 4 个目标客户群体的需求所创建的商业理念** | 每个小组轮流分享他们搭建的商业理念模型<br>大家发言完毕后，请参与者将他们的商业理念总结在方格卡片或便利贴上。每张方格卡片或便利贴上只写一个商业理念 |

# 引导说明

对参与者来说，小组分享是识别目标客户的新需求的一个好机会。

鼓励分享以便进一步激发创意。在这个环节中的一些发现将驱动接下来的“创意模块”。

进行到现在，参与者通常都累了，在关键的“创意模块”开始前，要让参与者休息一会儿。

休息有助于故事具体化，让参与者以新的活力和新的开始进行接下来的头脑风暴。

观察参与者。有些人很可能会在快节奏的任务中掉队或被问题困住。

来到他们身边，与他们轻声交流，通过亲切而友好的问题来帮助他们继续下去。

在这个工作坊中，参与者要进行跨组分享

Telia 电信 | 创意激发工作坊 | 2015 年 11 月 24 日 | 15：00—19：00 | Kamahouse 工作室

| **总体目标**<br>聚焦 4 个战略方向，为 Telia 电视服务创造新产品和新服务理念 | | | |
|---|---|---|---|
| 时间 | 模块 | 目标 | 流程 / 内容 |
| 30 分钟 | 小组之间互相分享商业理念 | **小组之间互相分享** | 一组分享时，其他 3 组要到这组的桌旁聆听 |
| 10 分钟 | 投票 | **在所有点子中选择最有用、最合适以及最能满足客户需求的商业理念和解决方案** | 参与者根据听到的点子，在桌子间来回走动并投票，将选票（积木）投给自己最支持的点子<br>观察最终结果并反思 |
| 15 分钟 | 行动计划 | **为被选中的商业理念制订行动计划** | 为被选中的商业理念制订 30 天或 60 天的行动计划。在每张卡片上写一个实现计划过程中要采取的行动或步骤 |
| 20 分钟 | 小组之间互相分享目标客户和解决方案 | **小组之间互相分享** | 大家分别到 4 张桌子旁，聆听各个小组针对目标客户的行动计划 |
| 15 分钟 | 反思和学习 | **分享在工作坊中学到的关键经验** | 写在方格卡片上并分享 |

# 引导说明

很多时候，有些点子会很有创意，不过它们的质量和相关性可能会有所不同。

你可以建议参与者提前制定投票标准。他们可能会选择最符合工作坊目标的点子。

考虑根据时间节点来制订行动计划，比如接下来的 30 天或 60 天要做什么，或者更短的时间，如“下星期”要做的第一件事是什么。

当时间不够用时，反思环节很有可能会被忽略甚至跳过。

向参与者询问他们对自己、团队或相关议题了解多少，不失为一个好的结尾。工作坊结束时的学习阶段可能是最重要的阶段之一。

## 拍照记录模型成果

这个工作坊产生了许多创意点子！ Telia 电信公司慷慨地同我们分享了其中一部分。

你能将这些创意与模型匹配起来吗？

- 可持续的电视频道。
- 电视游戏解决方案。
- 猫咪视频电视频道。
- 钓鱼网络视频电视机。
- 与大型企业集团合作。
- 电视剧频道。
- 带现实增强效果的超宽屏幕电视机。

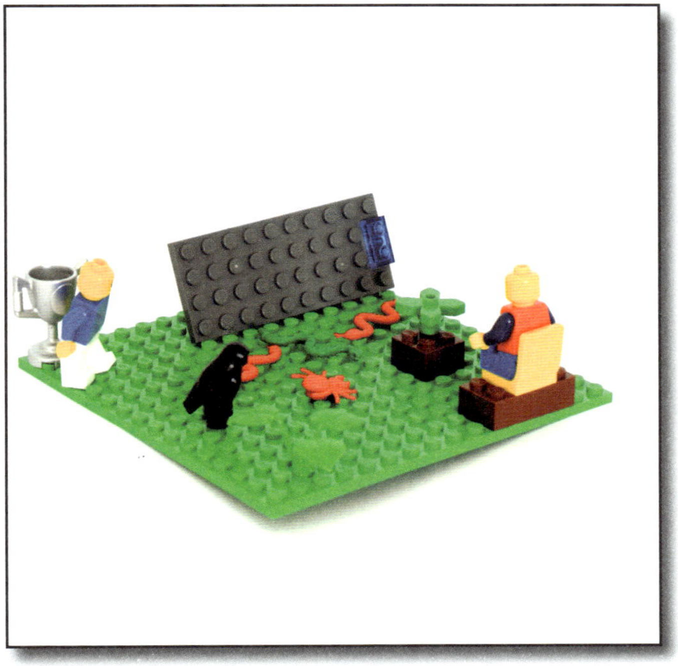

## 工作坊成效

**那么，后来发生了什么呢？11 个月后，我们的客户，Telia 电视服务部的负责人卡尔·安东反馈了他们在举办创意激发工作坊之后取得的成效。下面是他的陈述。**

第一次举办工作坊时，我们的目标是尝试一些打破传统的事情。一个传统的策略可能是某人起草的一个 25 页的幻灯片，但我们想跳出定式，做一些打破常规的事情。

里洛带领的乐高®认真玩®工作坊是我在 Telia 电信公司参加过的最不寻常的工作坊。

我们完全没有想到，我们因此学会了从不同的角度了解团队成员。在参与者中，有一些是主要从事技术或行政工作的同事，我特别惊讶他们每个人都有那么多创意。

在日复一日的工作中，并没有太多机会让我们展现创造力。

而乐高工作法创造了一个场域，让每个人都能敞开自我。

在工作坊结束后不久，我们又到初创企业参观学习了他们是如何将想法付诸实践的。

这两个活动结合起来帮助我们将一系列想法发展成了一个策略，其中包括明确的、有具体规划的服务焦点路线图，以及推进这些服务的计划。

基于此，我们制定的策略变得比以前更加全面清晰，并且其中还融入了一些很有趣的元素。

我的同事总是会提起这次工作坊。如果用一个词来形容，那就是我们说得最多的“好玩”。

虽然我们是在严肃地工作，但又感觉不像是在工作，因为乐高工作法让我们乐在其中。

# 5.4 愿景共创

**愿景共创工作坊**

**11 位伙伴，用时 2 小时（6 小时工作坊中的一部分）**

**感谢来自洲际酒店集团（IHG）负责欧洲酒店运营和绩效支持的副总裁彼得 · 布伦纳（Peter Brennan）愿意让我们分享他们的生动案例。**

## 背景介绍

本案例展示的是一个新合并的团队如何应用乐高工作法的第二级别构建，为他们渴望“成名”的团队创建一个共同的愿景。

作为正在进行的改革的一部分，IHG 的两个团队进行了合并。这次的工作坊是合并后的新团队第一次以全新的方式一同合作。

整个工作坊历时 6 小时，旨在达成以下目标：

创建充满活力的新文化明确“成名”团队所需建立的共同的愿景、价值观和行为模式。

这个案例将聚焦于 6 小时工作坊中用时 2 小时的愿景共创环节。

在客户简要介绍了任务后，我们阐明了我们对任务的理解并明确了工作坊的目标，提供了两种流程供客户选择：一种是使用乐高工作法，另一种是使用比较传统的工作坊工具。

客户认为对于此次任务来说，乐高工作法是更好的选择，于是我们用引导说明的格式设计了工作坊流程，详见后文。

本案例侧重于简单介绍乐高工作法第二级别构建：共创模型的基本操作原则。

这就好比“瞥一眼引擎盖下的构造”，而不是“一套完整的工程图纸”。

我们希望通过学习搭建共创模型的知识，能够充分调动你继续探索和学习的兴趣。最有效地掌握这种引导技术的方法是通过实践来学习。

这是一种分类盛放小块积木的方式。相比乐高® 景观和身份套装提供的橙色分装托盘，这种容器有盖子，使用起来更便携。

# 准备阶段

## 确保场所足够大

在工作坊开始前，要检查你所预订的场所是否足够大，以满足活动所用。最好进行实地考察，或者查看场所平面图，也可以观察网上的场所照片。

本书第 6 章将帮助你了解到场所太小可能会发生的情况。

## 移动设备，创建分区

布置场所可能需要 1 小时，主要包括重新摆放桌椅，分隔出 3 个不同的区域：

- 设备区。备用桌子用来摆放备用积木和其他工具，如笔、照相机、便利贴等。
- 小组工作区。小组所需的桌椅可以用来进行个体搭建和分享。
- 共创模型搭建区。一张用来搭建共创模型的桌子，无须摆放椅子。搭建共创模型需要积极参与，最好站着进行。

## 选择合适的套装

在这个工作坊中，我为技能构建环节选取的是窗口探索套装。参与者在做完这项练习之后，要将积木收进密封袋中。

在随后的愿景共创环节和练习中，我让参与者使用的是比较高阶的景观和身份套装。

ProMeet 挂图

1 号桌，用于摆放积木

相机和三脚架

引导说明和 iPad

2 号桌，用于搭建

蓝牙音乐播放器

方格卡片或便利贴

3 号桌，用于搭建共创模型

指读棒（乐高 ® 梯子）

共创模型

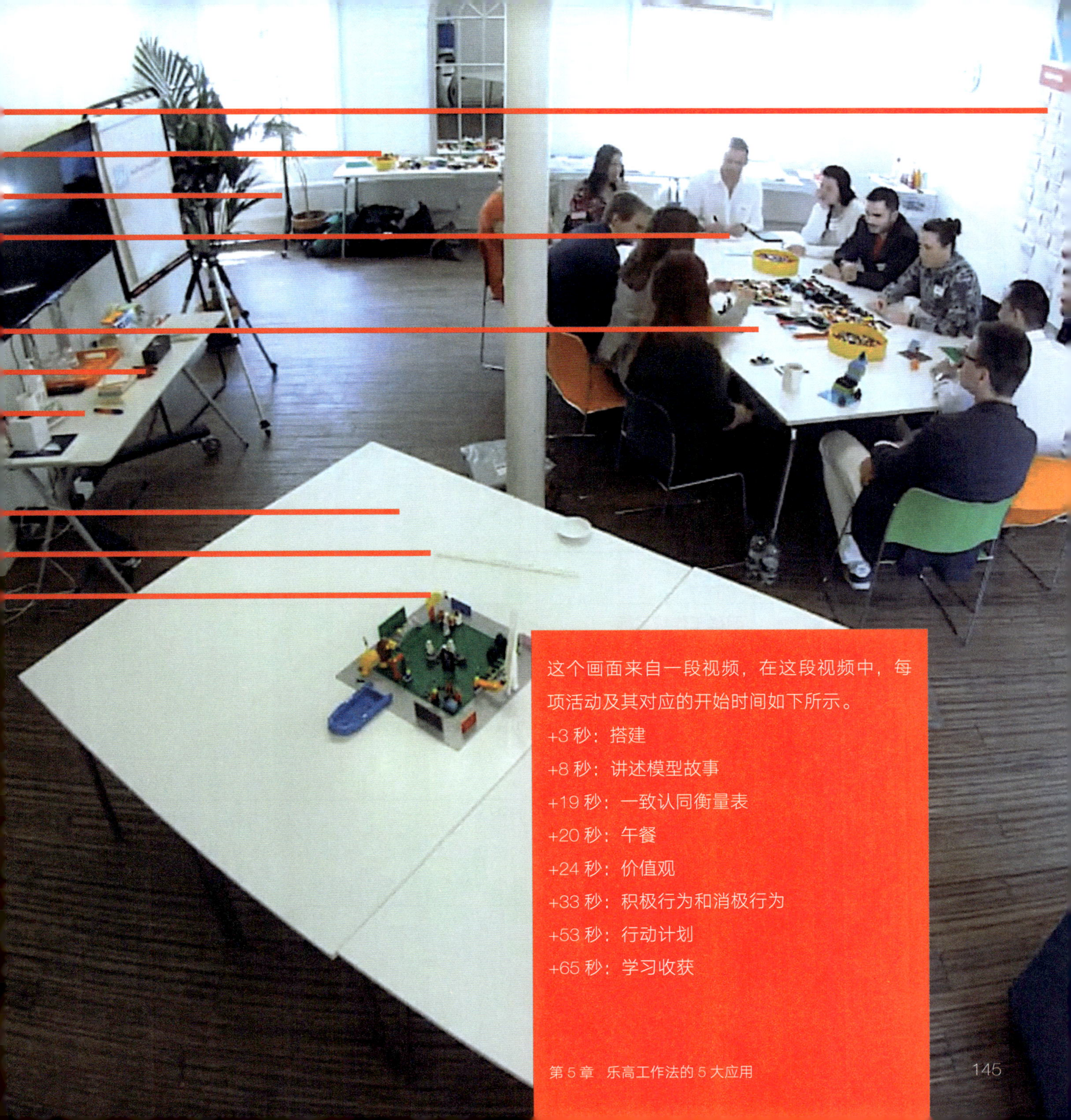

这个画面来自一段视频，在这段视频中，每项活动及其对应的开始时间如下所示。

+3 秒：搭建

+8 秒：讲述模型故事

+19 秒：一致认同衡量表

+20 秒：午餐

+24 秒：价值观

+33 秒：积极行为和消极行为

+53 秒：行动计划

+65 秒：学习收获

IHG | 2015 年 6 月 26 日 | 9：00—16：00 | 科文特花园华莱士空间 | 第 9 版

**总体目标**
创建一个拥有明确愿景的强大团队，了解实现愿景所需的积极行为和阻碍实现愿景的消极行为

| 时间 | 模块 | 目标 | 流程 / 说明 |
|---|---|---|---|
| 60 分钟 | 准备阶段 | **根据工作坊和参与者的需求布置场所** | 引导师布莱尔根据工作坊的需求做了以下准备：<br>• 在墙上贴好写有任务主题的挂图<br>• 摆放好小组搭建所需的桌子<br>• 准备好摆放备用积木的桌子<br>• 准备好摆放最终的共创模型的桌子<br>• 今天所需播放的视频<br>• 录像设备，包括三脚架、照相机和话筒<br>• 写有名字的胸卡 |
| | 签到 | | 9:00—9:30 签到 |
| 10 分钟 | 致欢迎辞 &<br>目标介绍 | **明确工作坊目标** | 布伦纳发表讲话：<br>• 致欢迎辞<br>• 介绍总体目标<br>• 流程概述（避免谈及当前状况）<br>• 介绍引导师布莱尔 |
| 10 分钟 | 有名的成功团队 | **让工作坊有一个积极的、参与式的开端** | 方格卡片上的任务：把句子补充完整。“我想加入这支有名的成功团队，为此，我会……”没有错误答案，要保持坦诚分享，然后把答案贴在挂图上 |

# 引导说明

这个工作坊中所使用的引导说明是引导师和客户反复讨论了 9 次，经过改进和完善后所确定的。

你可以免费下载这些引导说明，但要用你自己的目标和计划，以满足工作坊的需求。

**流程**

请把下面这句话补充完整：

我想加入这个功成名就的团队，为此，我会……

以开放和坦诚的态度

与他人相互支持

这个工作坊以一个简单的“思考、填写、分享”的热身任务作为开端，让每个人都思考引导师提出的问题，营造出了一种平等、参与式的氛围。

IHG | 2015 年 6 月 26 日 | 9：00—16：00 | 科文特花园华莱士空间 | 第 9 版

**总体目标**
创建一个拥有明确愿景的强大团队，了解实现愿景所需的积极行为和阻碍实现愿景的消极行为

| 时间 | 模块 | 目标 | 流程 / 说明 |
| --- | --- | --- | --- |
| 10 分钟 | 现状 | **明确新团队当前需要面对的现实状况** | 布伦纳分享预先准备好的方格卡片 |
| 50 分钟 | 技能构建 | **向参与者传授 3 个技能** | 技能构建的标准流程在本书第 4 章有详细介绍 |
| 50 分钟 | 个人愿景引出共创愿景<br><br>明确新团队因什么（我们的愿景）而成名 | **创建新团队的共创愿景**<br><br>**工作坊要定义的愿景：团队在 12 个月内要实现的愿景。一幅令人向往的未来景象** | **任务背景：**现在是 2016 年 6 月，你们的团队登上了《快公司》（*Fast Company*）[①]封面<br><br>**任务 1：单独搭建**<br>**搭建一个模型来展现你的团队因什么而出名。**你们做了什么而成名？通过隐喻来让模型展示出成功的本质<br><br>播放音乐<br>展示完之后，将封面故事的大标题写在方格卡片上<br><br>**任务 2：分享**<br>让每个人分享各自搭建的模型背后的故事<br>鼓励大家积极聆听 |

① 美国最负盛名和最具影响力的商业杂志之一，与《财富》《商业周刊》《华尔街日报》等媒体齐名的世界商业（经济）领域的主流媒体。——译者注

## 引导说明

在完成技能构建练习后，大家要把窗口探索套装打包好收起来。随后，布莱尔介绍另一张桌子上摆放好的景观和身份套装。

执行这个任务用到了一个创意游戏：封面故事。参与者要想象在 12 个月之后他们的团队接受采访并登上了著名杂志的封面。

参与者先就自己想象中的团队成名原因搭建模型。

搭建时间 4 分钟。播放音乐有助于参与者集中注意力，避免讨论。

用 A3 展板来提醒参与者在工作坊中要遵守的礼仪和增强沟通的要求。

**流程**

恭喜你！你的团队登上了《快公司》杂志的封面！请写下一个封面故事标题来概括你的模型故事。

新团队的运营服务利用数据及多样性实现绿色环保……并将被载入公司史册

让参与者写下一个封面故事标题来概括其模型故事。

IHG | 2015 年 6 月 26 日 | 9：00—16：00 | 科文特花园华莱士空间 | 第 9 版

| 总体目标<br>创建一个拥有明确愿景的强大团队，了解实现愿景所需的积极行为和阻碍实现愿景的消极行为 | | | |
|---|---|---|---|
| 时间 | 模块 | 目标 | 流程 / 说明 |
| 60 分钟 | 共创愿景<br>明确新团队因什么（我们的愿景）而成名 | **创建新团队的共创愿景**<br><br>参与者搭建个体模型并组成共创模型，以描述新团队希望在 12 ~ 18 个月因什么而成名。这将是团队的共创愿景<br><br>衡量大家对共同愿景的一致认同程度，有助于明确大家在这个愿景上有多少共识以及了解大家对共创愿景所持有的疑问和保留意见 | **任务 3：用旗帜积木标记出个体模型中最重要的部分**<br>（2 分钟）<br><br>**任务 4：搭建一个共创模型来描述团队在 12 个月内因什么而成名**<br>（15 分钟）<br><br>播放音乐：*Nigel Stanford*<br>**任务 5：**（录视频）请至少 4 位参与者讲述共创愿景模型背后的故事。每轮都要录像<br><br>**任务 6：**衡量大家对共同愿景的一致认同程度<br><br>1. 在协议范围内选择一个位置<br>2. （单独）填写方格卡片<br>3. 列举关键问题或疑问<br>4. 分享（1 张方格卡片），然后贴到相应位置<br><br>给模型和一致认同衡量表拍照 |

# 引导说明

## 共创模型搭建概述

第二级别构建：关于共创模型的搭建，如果详细地说，那可能需要几章甚至一整本书的篇幅。学习引导这一过程的最佳方法是实践，不过由于篇幅所限，我们在此仅对其主要过程做概括性介绍。

**任务 4，搭建共创模型**

首先，当所有人分享了各自的个体模型后，请他们将旗帜积木放在模型中最重要的部分或他们最想展示的部分上。这些部分必须在共创模型中有所体现。否则，有的参与者可能不会把最终的模型当作共创模型。（后面的照片展示了绿色的旗帜积木。）

其次，让每个小组轮流站到用于摆放共创模型的桌子旁，桌子中间是已经拼好的一大块底板积木，上面还什么都没有。这就是搭建共创模型的基础。

再次，让大家复述一下各自模型中用旗帜标记出来的那部分所蕴含的想法，从而让每个人都能了解到全员的关键想法。并且，要让参与者用各自的个体模型的想法和积木来搭建共创模型。

在这个过程中，最好让大家通过模型来协商，避免争论。在邀请小组来搭建共创模型时，要鼓励他们将各自的个体模型或其中的某部分放到底板积木上，并让他们讨论为什么选择把这个部分或想法放到那里。

当参与者描述他们思考得出的意义和脑海中浮现出的故事时，要允许他们在底板积木上移动各自的模型。在 8 人以上的大组中，要注意有没有人脱离集体进行对话和搭建。如果有，就要再展开一次集体对话，否则，这些人将错过自己没有参与的那部分的意义。

通常在 15 分钟后，一个看起来完整的模型就形成了。

大家正在搭建共创模型。很明显，所有人的目光都落在了正在被介绍的模型上，这是一个好信号，它表明我们用增强沟通的技能促成了真正的对话。

共创愿景模型的第一个版本，基于参与者的个体模型构建而成。

现场录制了 7 个讲述共创愿景模型故事时的视频，这是其中一个视频片段。这个参与者正在根据他的理解讲述模型故事，其他人则在聆听。

# 引导说明

**任务 5，讲故事并达成共识**

在进入这个阶段之前，如果觉得共创模型的练习还不是很完整，那也没有关系。

现在，请一位参与者讲述共创模型中每个部分的故事。要让他使用指读棒——在这个案例中，他们用的是梯子积木，这有助于参与者专注于讲述模型故事（而不是自己的想法）。

提醒他答案没有对或错，只有大家做出的不同解释。

请其他参与者积极聆听，以便他们了解轮到自己时应该怎样发言。这整个过程都要录下来，第 6 章介绍了几种不同的录制方式。向参与者声明这是在全程录像有助于有效减少噪声和聊天声。

第一个人发完言后，再请另一个人对同一模型进行发言。这并不是要考察记忆力，所以后者不必复述前者的故事，而是要以自己的理解讲述模型故事。

当两个人都讲完后，引导师要向大家提问：这两个故事有什么不同之处？利用这些不同之处，同时向团队询问他们的共识又是什么。重复这个过程，并邀请参与者不断改进模型，直到它能呈现大家的共识。

参与这次活动的 有 11 人，其中有 7 人讲述了模型故事并被录了下来。共创模型取得了预期中的进展，并不断完善。158 页的那个模型就是最终的共创模型。

**任务 6，一致认同衡量表**

我们使用了一个不属于乐高工作法的工具：一致认同衡量表。这个工具有助于了解每个人对共创愿景所持有的关键问题、保留意见或关注点。

这部分内容旨在让你了解，在工作坊中如何引导愿景共创工作坊的各个环节。

这个工作坊后面还继续探讨了价值观与行为方面的内容。为了让大家了解这个完整的过程，157 页展示了工作坊其余部分的简要引导说明。

如果你想了解相关流程的实际应用，那么可以阅读本书第 5.5 节，通过另一个工作坊来了解价值观与行为方面的内容。

在工作坊结束、参与者都离开后，要认真地为所有模型拍照。因为一旦散会，一切都将消失。

我们最希望得到的结果是，那些想法能深植于头脑中，而无须拍照记录。

然而简单而有力的图像，比如“不要设置障碍”这种照片，也可以非常有效地提醒团队要摒弃什么消极行为。

IHG | 2015 年 6 月 26 日 | 9：00—16：00 | 科文特花园华莱士空间 | 第 9 版

**总体目标**
创建一个拥有明确愿景的强大团队，了解实现愿景所需的积极行为和阻碍实现愿景的消极行为

| 时间 | 模块 | 目标 | 流程 / 说明 |
|---|---|---|---|
| 45 分钟 | 午餐 | | |
| 30 分钟 | 价值观 | **明确实现愿景所需的关键价值观** | 详见第 5.5 节“价值观与行为探索”案例 |
| 30 分钟 | 积极行为 | **明确实现愿景所需的行为** | 详见第 5.5 节“价值观与行为探索”案例 |
| 30 分钟 | 起阻碍作用的行为 | **明确阻碍实现愿景的行为** | 详见第 5.5 节“价值观与行为探索”案例 |
| 15 分钟 | 休息 | | |
| 30 分钟 | 你的愿景、价值观与行为 | **明确关键问题 / 疑问** | 用一致认同衡量表评估一致性并识别依然存在的疑问 |
| 45 分钟 | 行动计划 | **制订个人行动计划** | 每个人在方格卡片上写下自己的“百日计划”（10 分钟），然后分享 |
| 15 分钟 | 学习收获 | **反思与学习** | “反思、记录、分享”任务。在这个团队中，你今天学习到了什么？ |

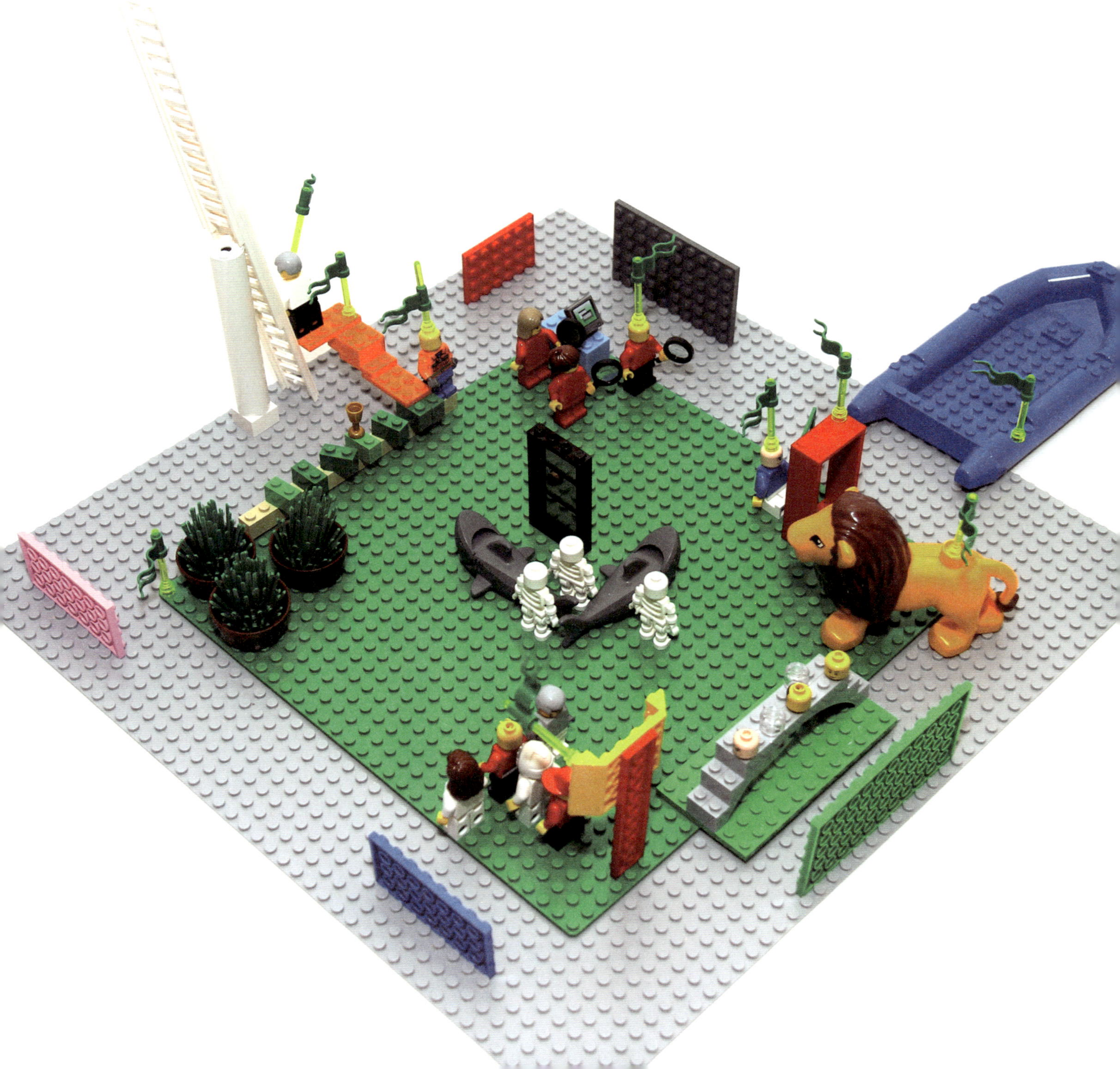

## 拍照记录模型成果

工作坊结束后，如果你的客户想要一些搭建记录，那你可以为他们提供一些现场拍摄的模型照片。

下面这些照片是在工作坊结束后立即拍摄的。拍摄时，摆放模型的桌子上要铺白色桌布或用白纸板做背景。

另外，相机可以设置为轻微的过度曝光，后期可以用修图软件来调整曝光、白平衡和清晰度。

没有到现场的人很难理解团队愿景模型究竟有什么含义。

对于 IHG 的新团队来说，他们的共创愿景是……

我们做科学分析、靠数据驱动……

我们创新创建解决方案……

我们愿意冒险，并相信在我们需要的时候能得到帮助……

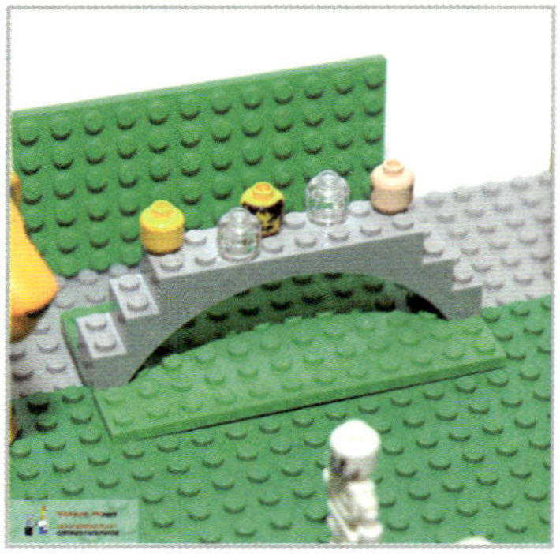

我们在运营支持团队甚至整个 IHG 内部架起了一座桥梁……

我们了解我们的挑战，并从经验中学习……

我们都是领导者，可以决定自己的成果……

我们将信息串联起来并取得团队成功……

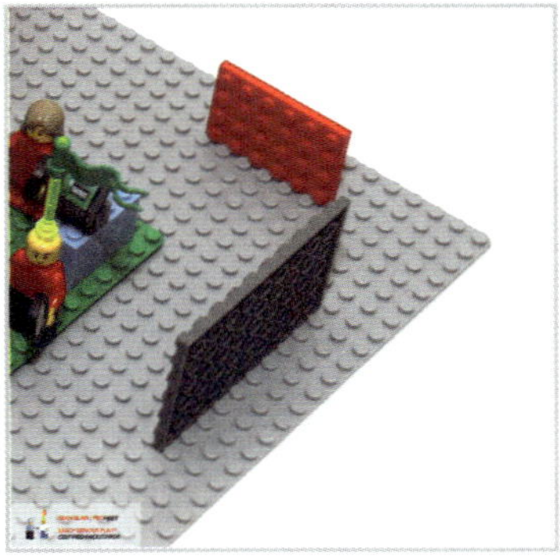

我们将品牌视为一切工作的核心……

## 工作坊成效

**那么，后来发生了什么呢？18 个月后，我们的客户彼得·布伦纳分享了工作坊结束后发生的事情。**

工作坊结束后，团队立即以极高的热情全身心投入工作中。当时大家都制订了“百日计划”，但我们希望让我们在工作坊中产生的想法保持活力。于是，我们做了 3 件事。

### 环境提醒

我们将工作坊的模型成果制作成海报并放在办公室里，让它们在工作环境中时刻提醒我们。

这不仅能让我们记住自己所经历的一切，而且能让我们始终牢记自己学习到和一致认同的东西。这些海报对我们的行为以及我们说过的要如何对待彼此的承诺也是一种提醒。

### 乐高®和游戏

我们购买了一些乐高®套装放在办公室里，以此提醒大家：游戏能够帮助我们记住自己所创造和分享的理念，比如我们想要或不想要的团队价值观。我认为，无论是在团队还是业务中，游戏的元素都能让我们得到的信息和经验得以持续。

我们如果只是参加了一场传统的培训课程，即使当时能全身心投入，这些课上的内容也不一定会在 18 个月后依然能与团队产生共鸣。

### 价值观激励

团队还印制了一些卡片，上面展示了我们在工作坊中搭建的价值观模型。每当有人能够践行这些价值观时，我们都会送给他一张贺卡。

这些贺卡是对员工行为的鼓励和认可。贺卡上也许会写：“我看到你做了真正符合我们价值观的事，谢谢，干得漂亮！”

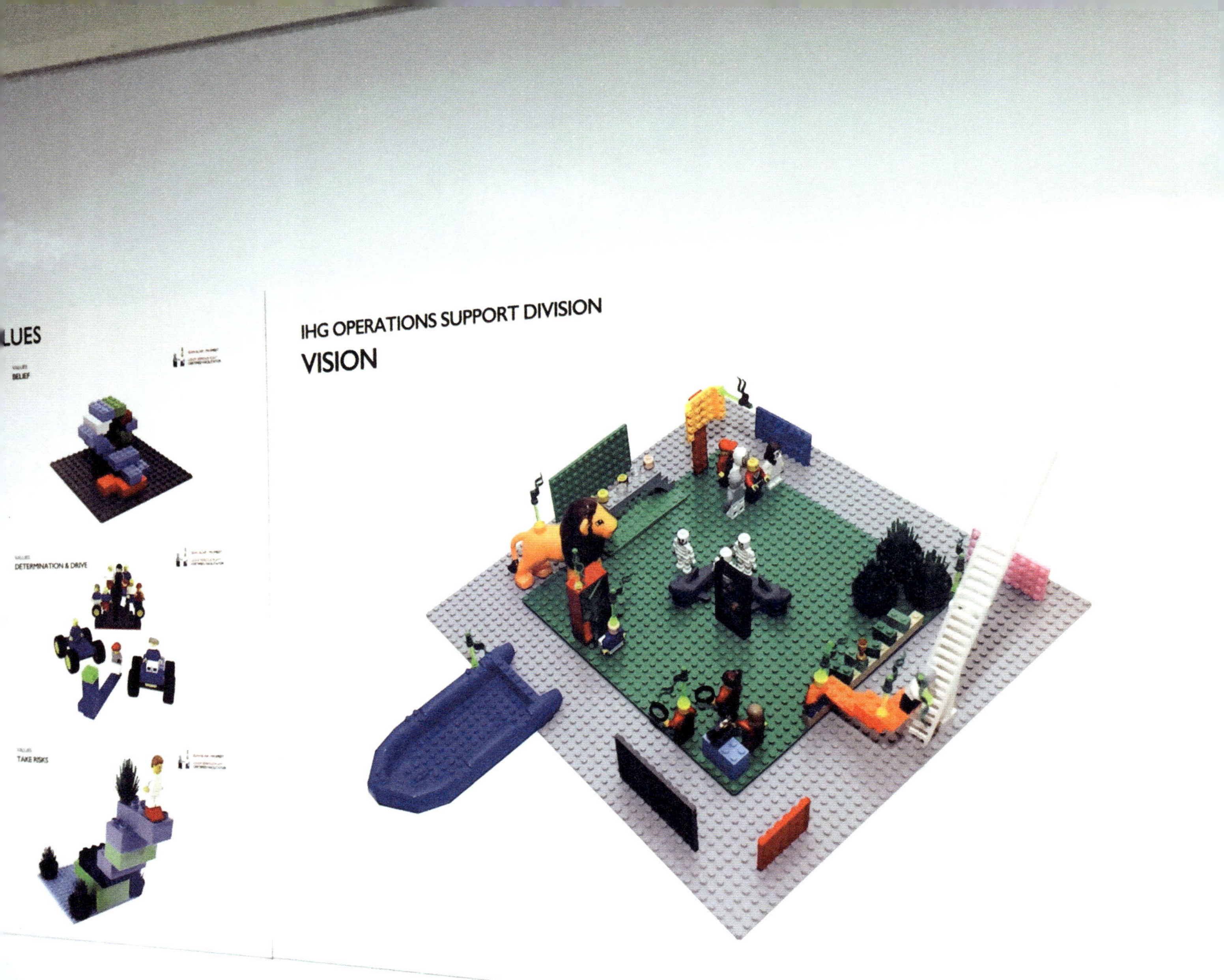


为了让那些想法在团队成员的脑海中保持活力，以及让那些价值观在组织中得到广泛传播，IHG 用工作坊的模型成果制作了明信片、鼠标垫和挂图等。

MANIFESTO

# 5.5 价值观与行为探索

**价值观与行为探索工作坊**

**22 位伙伴，用时 3.5 小时**

**感谢 Manifesto 数字公司的首席执行官吉姆·鲍斯及其团队愿意让我们分享这个案例。**

## 背景介绍

Manifesto 数字公司位于英国伦敦，这家公司旨在通过创意、设计和技术的结合来创造改变。公司的主要产品是 App 和网站——旨在为人们带来更好、更便利、更公平的生活。

早在几年前，也就是公司创立早期，首席执行官鲍斯就撰写了公司的第一份商业计划书。他明智地考虑到，为了确立下一成长阶段的团队价值观与行为，举办工作坊，让整个团队参与其中是很有必要的。

在举办这个工作坊之前，我们商定的总体目标是：

创建一个拥有共同价值观与行为规范的强大团队——Manifesto 数字公司的新宣言。

我提议使用乐高工作法这个强大的工具来探索价值观与行为，同时创造一套令人难忘的、具象化的成果。

鲍斯随后来到伦敦参加了一场由乐高®认真玩®社群小组举办的活动（关于社群小组的更多内容详见第 7 章），在布莱尔的引导下，亲身体验了这个方法的应用。他觉得，这个方法很符合他的团队需求。

## 目标驱动

我们使用本书第 2 章所讲的“目标逻辑”制定了工作坊的一系列目标及相应的这 3.5 小时中的任务。

我们将：

- 分享工作坊目标；
- 评估团队当前的发展水平；
- 引导参与者掌握基本搭建技巧；
- 与团队共创 Manifesto 数字公司 2017 年的愿景；
- 对工作坊中会用到的词语达成一致；
- 明确 Manifesto 数字公司的核心价值观；
- 识别符合 Manifesto 数字公司价值观的关键积极行为；
- 识别不符合 Manifesto 数字公司价值观的关键消极行为；
- 确定 Manifesto 数字公司新宣言的简单指导原则；
- 厘清后续流程。

## 共创愿景模型

从这一系列工作坊目标中可以看出，工作坊包含共创 Manifesto 数字公司的愿景这一环节。

在全员工作坊开始之前，我们为公司的三位董事举办了一个小型工作坊，他们共创了一个愿景模型。

我们以视频的形式将这个过程录了下来，并且将在全员工作坊中播放。

## 积木的选择

在全员工作坊中，热身环节用的是窗口探索套装；价值观与行为探索环节以及确定简单指导原则环节用的是景观和身份套装。

## 引导说明

我们将这些目标转换成了引导说明，见后文。

## 团队规模

这个工作坊有 22 人参加，引导这样的大型工作坊需要具备丰富的技能和经验。我们在此提供的行动计划也适用于 6~8 人的小型工作坊，操作起来相对简单。你可以据此来学习相关技能、积累经验。并且，请不要在此之前直接尝试引导大型工作坊。

Manifesto 数字公司 | 2015 年 8 月 14 日 | 1：00—12：30 | 霍克斯顿拱门画廊 | 第 2 版

**总体目标**
创建一个拥有明确愿景的强大团队，了解实现愿景所需的积极行为和阻碍实现愿景的消极行为

| 时间 | 模块 | 目标 | 流程 / 说明 |
|---|---|---|---|
| 60 分钟 | 准备阶段 | **根据工作坊和参与者的需求布置场所** | 引导师布莱尔根据工作坊的需求准备了：<br>• 投屏 / 电脑 / 话筒<br>• 4 张能供五六人使用的桌子<br>• 摆放备用积木的桌子<br>• 摆放最终模型的桌子 |
| | 签到 | | 9:30 开始签到，10：00 正式开始 |
| 5 分钟 | 致欢迎辞 & 目标介绍 | **分享此次工作坊的目标** | 鲍斯致欢迎辞<br>先做背景说明——快速梳理目标 |
| 40 分钟 | 技能构建 | **建立基本技能**<br><br>22 套窗口探索套装，使用完后装袋，换用景观和身份套装 | **1 . 搭建技术：搭建高塔模型**<br>> 思考：用你的模型讲述故事<br>播放音乐：*Snap out of it*<br><br>**2. 隐喻：“解释这个！”——播放幻灯片**<br>> 思考：你可以赋予积木任何含义，而无须复杂花哨的搭建。要用眼睛聆听<br><br>**3. 讲故事：搭建“你的梦想假期”模型**<br>> 思考：信任你的双手，用它们来思考。讲述你的模型所呈现的故事（而非你的想法）<br><br>播放音乐：*Love Vibration* |

乐高®认真玩®技能构建的标准流程在书中第 4 章有详细的操作介绍。

# 引导说明

这是工作坊的引导说明。你可以下载这个模版，并根据团队目标和预期成果做调整，设置更适合你的工作坊的问题和流程。

下面的画面展示的是技能构建环节，参与者正在用窗口探索套装搭建高塔模型。

参与者只能使用黑色的底板积木以及橙色和绿色的其他积木。

上述限制条件，旨在让参与者锻炼用少量积木来呈现几种可能的模型时给予差异化解释的能力。

Manifesto 数字公司 | 2015 年 8 月 14 日 | 1：00—12：30 | 霍克斯顿拱门画廊 | 第 2 版

**总体目标**
创建一个拥有明确愿景的强大团队，了解实现愿景所需的积极行为和阻碍实现愿景的消极行为

| 时间 | 模块 | 目标 | 流程 / 说明 |
| --- | --- | --- | --- |
| 10 分钟 | Manifesto 数字公司的愿景 | **团队共创 Manifesto 数字公司 2017 年的愿景** | 鲍斯用之前制作的视频和模型讲解愿景模型。让大家提问，并对其做出回答 |
| 5 分钟 | 词汇 | **明确工作坊中所使用的词汇**<br><br>**价值观与行为以及指导原则都将让 Manifesto 数字公司更加接近理想中的自己并实现愿景** | 理论输入。播放幻灯片<br><br>**行为**<br>个人的行为或行事方式，特别是指对待他人时的行为<br><br>**价值观**<br>身处一种文化中的成员所共有的好的或不好的、可取的或不可取的重要且持久的信仰或理想。价值观对个人的行为和态度有重大影响，它是一切行为的指导方针<br><br>**简单指导原则**<br>原则，是支撑信仰或有规范的体系的基本真理，是规范行为或思想的准则。它指导着组织整个生命周期中的一切——无论是目标、策略、工种，还是高层管理人员的变动 |

# 引导说明

在全员工作坊中，鲍斯对三位董事几天前确定的愿景进行了描述和解释。

“愿景”、“战略”和“价值观”等词语以及像“简单指导原则”这类不太常用的措辞，对不同的人来说有不同的含义。

通常，为工作坊的目标提供一个明确的定义是共同工作所必需的，在语言多样化的工作坊中尤其如此。

在这个案例中，引导师用幻灯片播放了需要定义的内容，并在团队开始搭建模型之前解释回答了与此相关的问题。

Manifesto 数字公司 | 2015 年 8 月 14 日 | 1：00—12：30 | 霍克斯顿拱门画廊 | 第 2 版

**总体目标**
创建一个拥有明确愿景的强大团队，了解实现愿景所需的积极行为和阻碍实现愿景的消极行为

| 时间 | 模块 | 目标 | 流程 / 说明 |
|---|---|---|---|
| 25 分钟 | 价值观 | **明确 Manifesto 数字公司的核心价值观** | 让参与者单独行动<br>**让参与者各自搭建一个实现愿景所需的核心价值观模型**<br>分享：分 2 组，每组 12 人<br>小组内每个人都要分享，之后，让大家投票选出 5 个最受认可的价值观和 5 个支持性的价值观 |
| 40 分钟 | 积极行为 | **明确 Manifesto 数字公司所需的关键积极行为** | 一组负责明确积极行为，另一组负责明确消极行为<br>单独行动：**让参与者各自搭建一个他们认为实现愿景所需的关键积极行为模型**<br>投票 |
| 40 分钟 | 消极行为 | **明确 Manifesto 数字公司需要摒弃的关键消极行为** | 单独行动：**让参与者各自搭建一个他们认为公司需要摒弃的关键消极行为模型**<br>从你过去一周或一个月内见过或做过的行为中找出一个真正的消极行为<br>投票 |

# 引导说明

如果团队人数较多，那可以用投影仪来展示题目、进行倒计时。

这样可以确保每个人都能看到并了解他们的搭建问题，以及规定时间。

在较多人的活动中，可能没那么多时间让所有人分享发言。要把大团队分为方便管理的小组，让每个小组投票选出最受欢迎的想法，然后再与所有人分享。

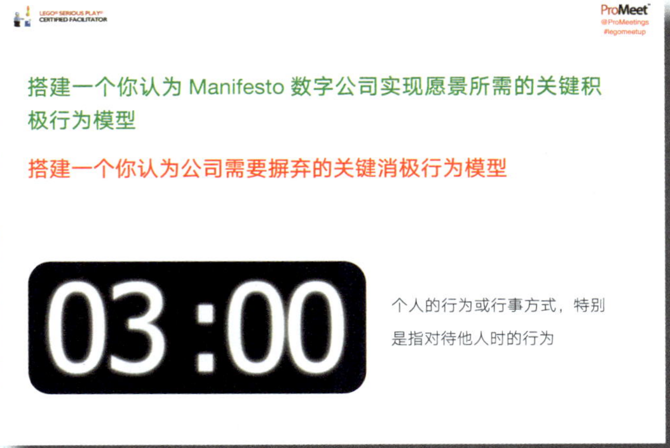


22 个参与者需要分成两组，一组负责明确积极行为，另一组负责明确消极行为。参与者可以选择自己感兴趣的小组，自发组队。

所有参与者都对两个小组中的模型进行了投票，每个人都有机会提出他们认为被漏掉了的行为。

在这个工作坊中，我们选择在大团队里（而不是按计划中的 4 组）进行价值观分享。

请记住，你引导的是人而不是流程。如果你在开展工作坊的过程中发现，自己精心准备的计划不是团队所需要的，那么你要放下计划，调整流程。要根据团队需求来引导，而不是根据你的计划。

大家正在为价值观与行为模型投票。每位参与者手中有 3 票，即 3 块积木。

Manifesto 数字公司 | 2015 年 8 月 14 日 | 1：00—12：30 | 霍克斯顿拱门画廊 | 第 2 版

| 总体目标<br>创建一个拥有明确愿景的强大团队，了解实现愿景所需的积极行为和阻碍实现愿景的消极行为 | | | |
|---|---|---|---|
| 时间 | 模块 | 目标 | 流程 / 说明 |
| 25 分钟 | 简单指导原则 | **明确 Manifesto 数字公司的简单指导原则** | 大任务来了。利用到目前为止提到的所有内容搭建简单指导原则模型，你和你的同伴可以将它当作不会改变的“北斗星”<br><br>简单指导原则不是一条规则，比如“如果……就……”<br>简单指导原则不是只有一个词的价值观，比如“信任”<br><br>比起规则，它更像是一个“类鸟对象”（“boid”）①。对鸟群中的个体来说，“掌控飞行方向，避免与本地鸟群相撞”就是一个好的简单指导原则。简单指导原则的关键是不充分指定条件，从而支持在各种形势下依赖情境做出自主应对<br><br>单独搭建：**搭建一个 Manifesto 数字公司的简单指导原则模型**<br><br>在大团队中分享，然后投票 |
| 5 分钟 | 下一步是什么？ | **明确接下来的任务** | 鲍斯 |
| 60 分钟 | 午餐 | **给模型拍照** | |

① 这个词来源于群体行为研究者克雷格·雷诺兹（Craig Reynolds）于1986年开发的一个人工生命模拟程序——Boids，它的全称是“bird-oid object”，意思是类似鸟的对象 。——编者注

# 引导说明

这张照片展示了简单指导原则模型，此时所有参与者都已经做过分享。

请将模型蕴含的关键词总结到不同的方格卡片上，图中的卡片是布莱尔总结的，在此之前，他已经和参与者沟通确认过这些词的准确性。

方格卡片上有一些积木，一块代表一票。写有“走出你的舒适区”（GET OUT OF YOUR COMFORT ZONE）的这张卡片获得了8票，成为简单指导原则之一。

# 拍照记录模型成果

## 简单指导原则

这些模型的照片被打印成海报，贴在了墙上。给照片加一点儿特效，有助于打造令人难忘的、有效的工作坊产出。

Manifesto 指导原则
帮助他人看到
不同

Manifesto 指导原则
走出你的
舒适区

## 价值观

这些照片展示的是 Manifesto 数字公司团队选出的有助于公司实现愿景、发展员工想要的文化的核心价值观。

Manifesto 价值观
越简单，越
高效
MANIFESTO

Manifesto 价值观
协作
创造大成就
MANIFESTO

## 积极行为

这些画面展示了团队想要鼓励、认可和嘉奖的积极行为。

Manifesto 积极行为

尽情创造

Manifesto 积极行为

体会乐趣

## 工作坊成效

**那么，后来发生了什么呢？2015 年 8 月举办的工作坊结束一年后，Manifesto 数字公司的首席执行官吉姆 · 鲍斯描述了公司里发生的事情。下面是他的陈述。**

正在成长中的公司不断向前发展，并且有了很多改变，有些改变甚至非常迅速！这场价值观与行为探索工作坊举办时正值公司快速扩张的上升期。几个月后，公司与另一家创意机构合并。

2015 年 12 月，另有 12 人加入了我们的团队，这意味着在新形成的团队中有 1/3 的成员没有参与过定义共同价值观与行为的活动。

因此，我们需要为新团队创建一个综合命题。

布莱尔提议基于工作坊成果来建立一系列简单的品牌价值观。于是，我们便在新的、更大的团队中创建了一套新的价值观。

1. **协作：**主动分享所知。
2. **创新：**帮助他人看到不同。越简单越高效。
3. **卓越：**始终致力于学习新知识，从而推动积极的改变。
4. **改变：**永远不要止步不前，睁大眼睛，在机会出现之前发现它们。不惧质疑，挑战自我和他人。

如果你将这些价值观与之前的工作坊成果进行对比，你会在这些新的品牌价值观中看到工作坊中那些理念的基因。

这些新的品牌价值观是我们一切行动的核心。

我们将这些价值观纳入了新员工入职手册（见下文），并放在网站上，传递给客户。

工作坊切实地帮助我们开发出了新的服务以及更具创意的公众品牌。

这场工作坊甚至已经被记入公司历史，成为塑造公司当今形象的关键事件。

**嗨，里洛，**
**欢迎你！**
**我们真的很高兴有新的创意总监入职了！**

你加入了一个由创意人员和技术人员组成的优秀团队，这里的每一个人都乐于合作以期让世界变得更加美好。我们迫不及待地想知道你会如何帮助我们实现目标！

我们拥有 4 个价值观来指导我们的立场。
它们是……

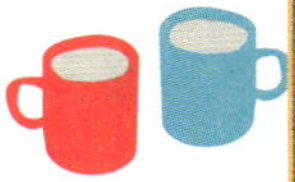

## 我们的品牌

我们的品牌精神大胆无畏，我们的品牌名也同样如此。这是我们向世界展示自己的方式，是 Manifesto 数字公司的品牌感知，是贯穿我们所有行为的主旋律。

无论是与客户打交道，还是为客户开发产品，我们的品牌都反应了我们的文化和价值观以及我们代表公司与所有人互动的方式。

我们的基调权威而不傲慢、风趣而不轻率、博学而不浮夸。

你将获得一个完整的品牌指南，它定义了我们是谁、我们的交流方式和我们的品牌面貌。请了解这些内容，以保持和我们的沟通一致，我们的品牌致力于为所有人工作。

M

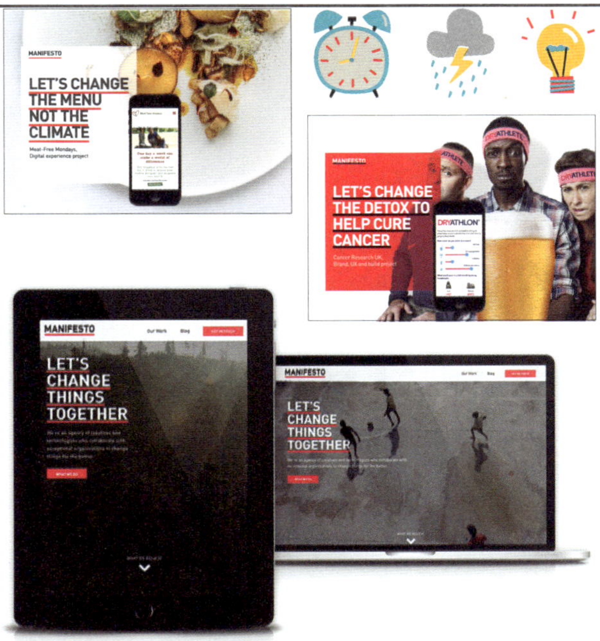

# 第 6 章

# 乐高工作法的实战技巧

SERIOUSWORK

本章目标：为你提供实战技巧，让你了解如何出色地开展乐高®认真玩®工作坊。

我们邀请了世界各地备受尊敬的专业引导师分享他们的故事，帮助你加深对乐高工作法的理解。

卡米拉·诺加德·詹森

迪特尔·鲁瑟

克里斯蒂娜·奈瑟尔

梅塞德斯·霍斯

林金邦

派翠娅·贝尔蒂尼

伊莱·德·弗兰德

玛丽亚·斯达辛克

奥利弗·克纳普曼

**卡米拉·诺加德·詹森**

**擅长领域：**

棘手问题处理

科学传播

设计思维

## 如何提升沟通效率

我使用乐高工作法引导人们在棘手问题上进行跨学科交流。在我的博士研究中，我曾用乐高工作法在亚利桑那州立大学教授“纳米伦理学”课程。

在课堂上，我的学生们用乐高工作法分享了他们关于纳米材料的含义和应用等方面的认知和价值观。他们觉得乐高工作法除了能帮助他们更好地理解主题，其趣味性和“把想法放在桌面上”的做法激发了他们的创造力，提升了沟通效率。

即便有时要将大家的观点集中起来共创一个模型很困难，各团队还是喜欢将这些挑战描述为“有趣的挫折”，这种挫折让他们变得富有创新力，并思考怎样讲故事能够有效地传递他们多方面的考虑。此外，大家觉得，比起其他班级，这个班级的同学彼此之间更加了解。

参与者必须掌握乐高工作法的技能，才能通过模型和隐喻熟练地表达自我，特别是在复杂的话题上。

一定要将大团队划分为小团队。我把 20 名学生分成 4 组。出于研究目的，我在每组安排了观察员，他们同时也是我的助手，当小团队准备好进行下一步时给我提示和信号。

乐高®的设计是让积木在被扒来扒去时发出声响。这是玩乐高®积木时的一个乐趣，但在大教室里这些声响会干扰讨论。在引导一个以上的小团队活动时，要尽量找一个拢音效果好的场地，并且要铺桌布来降低噪声。

工作坊进入尾声时，参与者往往要做总结，厘清他们在活动过程中的思考。一种促进反思的方法是让大家写出他们认同的 4 件事（写在正方形上）、印象深刻的 3 件事（写在三角形上）、依旧盘旋在脑海中的事（写在圆形上）。

我让同学们在 Twitter 上完成反思任务，这样可以让每个人在团队中分享收获。如果某件事对一个人来说不清楚，那其他人也可能不清楚。在系列工作坊中，书面的反思会有助于保持连续性，例如，在下一次活动开始时，我会首先澄清大家所讨论的依旧盘旋在脑海中的问题。

UNIVERSITY CLASSROOMS
Please help keep your cl

**伊莱·德·弗兰德**

**擅长领域：**

领导力发展

高管教练

策略与学习

# 如何掌控心流

## 准备工作小贴士

1. 了解参与者的情况（教育水平、专业经验、心理状态、偏好和背景）。
2. 确定工作坊的“真正”发起人。发起人和参与者之间有怎样的关系（等级、局面、共同利益等）？明确“客人”是谁。
3. 确定工作坊的“真正”目标。
4. 即使不增加收费，也一定要争取比客户最初提供的时间更长的时间。在某种程度上，参与者接触积木的时间越长，分享他们关心的想法的时间越长，越能感到心满意足。
5. 根据参与者的特质和工作坊主题，制订合适的技能构建计划。

## 引导小贴士

6. 在宣布挑战任务时，不仅要做口头引导，也要有视觉上的引导，特别是在主持人和（或）参与者语言不同的情况下。
7. 确认参与者对任务的理解程度，邀请其中一位向其他人解释挑战任务。
8. 对你的引导流程和时间节点要做到心中有数。有时，参与者非常投入对话，以致停不下来，并且他们坚持认为继续对话是至关重要的。你需要知道接下来的步骤中哪些可以放弃，并评估当前的讨论是否比未来的步骤对主要目标更重要。

   这就是为什么说了解“真正”发起人和“真正”目标至关重要。
9. 遵循乐高工作法所规定的礼仪并不妨碍你使用有品位的幽默、戏剧和视听作为辅助。调动越多感官参与越好。
10. 虽然混合材料在参与互动的角度上可能很有趣，但为了作为引导师的你自己着想，请绝对不要将任何类型的建模黏土和乐高®积木混合。

    我们曾犯过这个错误，以至于许多年后，我们的积木中仍然残留着黏土。

**玛丽亚 · 斯达辛克**
**擅长领域：**
设计思维
以人为本的设计
创新发展

## 3 个小案例，9 个大获益

乐高工作法是一个很好的能够实现可视化的工具，它能将一些抽象的概念（如战略、抱负、目标、商业计划和愿景）用模型呈现出来。接下来，我将和大家分享 3 个案例，介绍乐高工作法给我带来的一些收获。

## 案例 1，预算规划

客户：SAP CIS。

目标：根据创新重点和未来愿景制订新的预算。

乐高工作法有助于：

- 通过合作而不是单独行动赋予预算规划活力；
- 激发参与者的创造性思维，让他们可以用崭新且创新的眼光审视支出的范畴；
- 减少每个部门主管在编制预算上所花费的时间。

## 案例 2，开发培训项目

客户：SAP CIS 培训部。

目标：在公司为提高学习效率启用的 SAP 企业自动化决策中创设新的员工培训项目。

乐高工作法有助于：

- 将员工培训中存在的障碍和严重问题可视化；
- 通过快速且令人兴奋的积木和手指的合作来激发创新想法；
- 创建简单易用的模型来展示“新的培训流程”、“教员的新角色”和“培训项目”，这些模型使得大家对想法的交流更顺畅，实现起来也更容易。

## 案例 3，设置项目管理办公室

客户：俄罗斯航空公司。

目标：整合信息技术和业务流程以实现更高效的合作。

乐高工作法有助于：

- 探索和沟通困难的业务问题；
- 通过描绘从前被忽视的合作机会来打破信息技术部与业务部之间的隔阂；
- 建立一种更加可持续、更有效的新的办公模式。

我希望通过这些故事，大家能了解到乐高工作法在商业发展的任何领域都不存在局限性，同时，它能为激发创新、创造性思维以及促进团队协作方面带来真正的价值。

IT-спец

**迪特尔·鲁瑟**

**擅长领域：**

创新

设计思维

团队赋权

## “人”决定了项目的成败

作为一名工程师，我坚信工具和流程所拥有的力量。

在每一个问题面前，工程师都能找到相应的技术解决方案。抱着这种心态，我尝试了无数的工具、系统、流程来激发创新。我在美国一家领先的创新设计咨询公司做设计运营工作的 13 年里，一直致力于为公司内创意项目的商业运作提供支持。

然而，这些基于流程和技术的方法往往只在短时间内有效，或者在取得初步成果后就被创造它的员工遗忘了。问题似乎在于，努力维持一定程度的创造性和结构过多的流程之间存在冲突。

直觉告诉我，把所有流程和技术统统投入我们的项目团队中，可能会导致所有努力白费。因此，我启动了一次六西格玛项目调查，从根源上寻找一些项目成功或失败的原因。

为什么有些项目能令客户非常满意，并能按时完成且在预算之内？为什么有些项目不断返工、需要加班处理，还赔钱？为什么会有这么多沮丧的员工？

六西格玛项目调查分析了 60 个项目，仔细审查了它们的进度、执行状态、预算遵守情况和客户回报率，用以确认最初设想。是项目规模、客户规模、客户定位，还是创新水平存在问题？所有这些对项目成果似乎都没有明显影响。

真正影响项目成果的因素，是项目负责人与项目团队以及团队成员的匹配度。有些员工与工作很匹配，但有些人却导致项目流程中断甚至失败。所以说，人才是决定项目成败的因素。

人的因素对项目工作有如此巨大的影响，这驱使我探索如何运用乐高工作法帮助团队取得更多成功。

这种基于游戏的引导方法有助于发现人与人之间发生的事情，并且能为项目成功奠定基础。我希望人们能够忘却例行规则，全身心投入一个安全的游戏环境中，公平竞争，友好互动，重新发掘创造潜能，解决复杂的问题。

**林金邦**
**擅长领域：**
文化建设
领导力培训
团队合作

## 如何打破文化桎梏

我们使用乐高工作法来帮助客户表达、呼吸、亲历他们的文化；让员工参与进来，让每个人都能达到最佳的工作效率。

我们经常能看到一些很棒的计划、策略和想法受制于根深蒂固的企业文化。许多组织和团队都真诚地希望获得业务增长、创新和改变。然而，他们中的许多人又恰恰在为那些能够创造出他们渴望的新成长的人、方式和思想设置了障碍。人们无法清晰地表达自己的想法，无法聆听他人的想法，更无法一起寻找实现共同目标的方法，这就是障碍所在。

乐高工作法消除了这些障碍。它促进了内容丰富且具有可行性的对话。它让参与者在安全的场域里面对工作和人际关系中的复杂现实问题，让他们能够详细地描述困难的问题，更容易集中精力，更高效地创造出原本需要几天或几个月才能得到的成果。

乐高工作法是一门艺术，也是一门科学，它可以促进人与人之间深入且真诚的对话。我们非常喜欢用它来让人们互相理解，以一种开放的态度接受挑战或发起挑战。同时，我们还想传递一种信念，那就是创造力不只属于某些人，而是所有人可以翱翔其中的领域。

到目前为止，我们所有的实践都是在亚洲进行的，参与者有两个特点：①有意见时通常不像西方同行那样直言不讳；②尊敬上级和领导。在亚洲，“留面子”是一种传统，所以人们在面对比自己资历高的人时往往会比较拘谨。

正是在这样的情况中，乐高工作法在平衡、推动并鼓励真实和必要的对话方面，发挥了最大的作用。它引导出了那些人们未说出口的想法，并让所有人互相尊重。

最后，我总结了 5 大指导原则：

1. 让游戏保持简单，拒绝复杂；
2. 帮助客户学习，不仅仅包括学习搭建积木；
3. 不要害怕沉默，人们在思考；
4. 热爱过程，相信模型；
5. 不断前进。

**梅塞德斯·霍斯**

**擅长领域：**

商业模式

未来工作前景

文化智能

## 如何与商业模式工作坊合作

我是偶然间发现乐高工作法的。用乐高®可以解决问题，可以识别我们不知道自己知道的事，这听起来也太妙了！

“这是个不需要内容的技术，”罗伯特·拉斯穆森在我们的引导培训开始时如是说，“引导师抛出问题，然后参与者搭建模型，并使用隐喻为模型赋予意义，从而构建问题的答案。”

我在欧洲与蒂姆·克拉克（Tim Clark）合作开展了商业模式画布工作坊之后，就开始将这两种方法结合起来。

商业模式讲的是组织“如何（在什么情况下，因为什么）创造、交付、获取价值”背后的过程和基本原理。我所使用的商业模式画布则作为一个战略工具，帮助描述－设计－挑战－开发－调整商业模式。如果把我们自己看作一个个人组织，那么可以用这个工具来定义和修改自己的个人商业模式。它能帮助人们充分利用自己的技能和才干不断成长，在职业和生活各方面显现出新的、更令人欣喜的可能性。

个人商业模式关乎我们是谁、人们如何看待我们，以及我们自身的潜能。创造这些既需要初步的自我认知，也需要进一步的自我反思。

商业模式画布最普遍的实践是用便利贴记录我们一路上的见解。这样做有助于我们集中精力，更好地了解为什么、做什么、怎么做，以及我们如何迈出职业生涯的下一步。我相信乐高®模型的加入会扩展一个新维度，帮助人们描绘出更多“柔软的一面”，这有助于产生情感方面的更深层的联系，以深化对我们基于独特的职业身份的有说服力、充满一致性的价值观的理解。

在做职业规划时，有意识地为制定下一个目标而努力很可能会令人疲倦。在这个过程中，加入乐高®有助于缓解焦虑，这不仅会让人们重新露出笑容，而且能建立新的信任合作水平，让人们感受并看到顿悟时刻。

BMC
PBM
I help ideas catch fire.

**派翠娅·贝尔蒂尼**

**擅长领域：**

创新

创意与共同创造

系统思考

## 如何进行一对一访谈

你能想象人们搭建的模型背后蕴藏着多少故事吗？你有没有试过深入发掘模型所蕴含的更多的故事？

我试过。我很想探索这些模型所隐含的意义和故事，了解更多人们对这个世界的看法。所以我问自己，如果我用乐高工作法进行一对一访谈会怎么样？

那么，首先，我可以用哪些积木呢？窗口探索套装看起来是个不错的起点，虽然都是很小的积木，但有足够的隐喻元素可以用来讲故事。随后，我在一场活动中找到了访谈志愿者。

我曾是一名记者，我向来觉得问答游戏似的互动不足以让我们真正了解他人眼中的世界。记者的问题往往起到过滤器的作用。

乐高工作法能改变这一点吗？可以。事实上，我第一次使用它来访谈就得到了启发。

我让参与者搭建出他们所看到的世界，提问要保持开放、不带偏见并且涉及内容足够广泛，从而让他们的观点自然而然地浮现出来。

我充当的角色是一个苏格拉底式的助产士，询问他们的模型，和他们互动，移动或增减积木，用一种有趣但不具威胁性的方式挑战他们的观点。访谈的引领者不是我，而是积木。我只是严谨地组织好我的提问，避免有导向性的线索出现，努力确保参与者不会因为我的观点或期望而产生偏见。

这些人同我分享了他们在搭建积木时的想法和感受。积木作为一种强大的媒介，让人们的内心世界得以以故事和叙述的形式展现出来。

从那以后，我把这种方法运用到了无数的案例中。我曾在巴勒斯坦和以色列等政治环境中测试过它，曾用它来探索人种等复杂的概念，还通过这种方法与艺术家、活动家和企业家交谈。

结果如出一辙，我能够从别人的故事和话语中看到他们眼中的世界。人们在我的引导下创建模型，在一起搭建的过程中向我敞开心扉。

**奥利弗 · 克纳普曼**

**擅长领域：**

品牌标识

变革管理

流程分析

## 如何避免预期差距

这个故事来自一场工作坊，它创建了一个能够更好地了解自我、同事和工作的团队，但我们的客户公司的人力资源总监却非常失望。

客户是一家大型跨国公司采购部门的人力资源总监。她的团队正在经历一场巨大的组织架构变革——从遍布全球的业务单元整合过渡到一个统一的系统。

我们非常认真地为工作坊做好了准备，明确了客户对流程和方法的预期，并在开始前使用乐高®来收集需求，彼此分享了我们对将要做的事情的理解。

我们一致认为，会议的目的是帮助管理团队重新思考他们在系统中的定位，制定一种新的工作方式以推动他们向前发展。乐高工作法恰好可以在这类场景中发挥积极作用。

最终，我们设计出了旨在确定“指导原则”和“行事理念”的工作坊。

然而在现场，很明显，人力资源总监对她感觉到的“缺乏具体成果”的活动越来越失望。

于是，人力资源总监让我们增加好与坏两个行为清单来补充参与者的工作职责描述，这和我们要打造一个能表达情感、价值观和心态的工作坊的目标正好相反。

达成设计目标对团队帮助很大，但事实证明，这并不是客户想要的。

我们从这次经历中吸取了教训。

其中非常重要的一点是，你要清楚客户想从体验中得到什么，你必须让他们知道你不会替他们做决定。很多客户企业都会雇用顾问，习惯使用那些能够解释他们的问题、再向他们推荐解决方案的做法。

而乐高工作法的伟大之处在于，它完全颠覆了这样的过程，但你要准备好应对由此产生的预期上的差距。

在工作坊开始之前，要确保和你的客户拥有一个完整的、相互理解的目标，这样做能避免给自己留下一段备受打击的经历。

**克里斯蒂娜·奈瑟尔**

**擅长领域：**

战略与创新

隐形学习

对话伙伴

## 如何管理时间

有 4 件事从我还是小孩子时就很喜欢做，那就是运动、听音乐、用有创意的材料去创造一些东西来解决问题，以及创建社群来分享我生活中的激情和快乐。

小孩子玩乐高®积木和乐高工作法之间的区别可以归结为几点：我们向自己提的问题类型、游戏的规模、范围、风险和影响以及游戏规则本身的复杂性（其他条件相同）。不管我们怎么玩，作为游戏，流程本质上都是一样的。

游戏也分很多类型，包括工具类（我们从这种游戏中了解积木和搭建系统）、想象和隐喻类（在这种游戏中我们想象某些地方有积木，而那里并非真的有积木，这是通过隐喻来表达我们还没有完全理解或掌握的东西），规则扮演和角色扮演类（在我们开始与其他人一起使用积木、搭建系统，轮流进行游戏，互相学习时）和团队协同类（大家组成团队，通过积木来共同创建、协作和创新来解决棘手问题）。

面对如此大的可发挥空间，我想对乐高工作法实践者提出几点建议：

1. 创建私人社群，让培训师、教练、导师、竞争对手、客户代表、以前的参与者、评论者和合作方都加入进来，共同创设具有影响力并有助于解决人类当前挑战的工作坊。尽情地把目光放长远，跳出思维定式。乐高工作法是一个充满智慧的工具，它能够应对系统级别的难题。
2. 通过与人合作，共同创造创新来增加销售机会，一起开发、实施乐高工作法项目，并共享回报，思考哪里顺利、哪里不顺利。其间不断学习，将学习成果在你信任的社群中分享。不要害怕向他人寻求帮助。
3. 通过小小的改进来发展这个方法论，例如将其和其他基于游戏的学习方法和学科结合重组。不要害怕尝试，因为你很有可能能激发某个提升整个系统级别的想法。

对我来说，社群、协作、游戏就是乐高工作法的核心所在。

## 引导需以人为本

在会议、工作坊中进行引导并不只有推进流程那么简单。本书的确有许多篇幅在描述和解释计划，这似乎让人觉得计划好流程是首要工作。

但事实上，专业的引导以人为本，而不是盯着流程。

与其把工作坊流程和对应的引导说明看作一套固定的地图，不如当作现场操作指导使用。经验丰富的引导师一定会准备详细的计划，但如果在某一时刻，计划不再能满足团队当下的需求，他们就会随时准备放弃或改变计划。

## 让引导说明作为指南

有时候，一些你认为短时间内可以完成的事却会花很长时间；而有时候，计划用时比较长的活动反而会很快结束。

我们的做法是把真正的开始时间和结束时间写在引导说明中并打印出来，这样就可以随着工作坊的步骤来调整时间，以确保不会在计划只进行了一半的情况下突然发现该结束了。随着工作坊的进程，你会不时地多花掉或节省下一些时间。

## 切开“华夫饼”，切入正题

“waffle”（华夫饼）作为动词指说了或写了很多东西，却没有给出任何有用的信息或明确答案。

华夫饼的存在让我们很容易浪费时间，尤其是离题的华夫饼。由于引导师并不参与讨论，因此能更容易注意到话题的偏离，并且可以询问发言者或团队现在是否是时候处理这个离题的问题。

有时候，个别参与者会花很长时间提出一个简单的观点（或者根本没有提出观点），对此，我们会要求他们把想法总结到便利贴或方格卡片上。要用马克笔或粗笔，20个字基本就写满一张了。要记得向大家说明“一张方格卡片规则”。

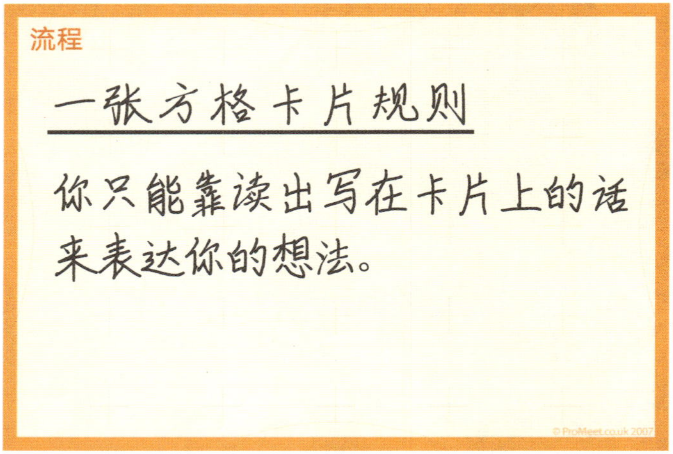


当参与者只能读出卡片上的字时，我们很容易就能听到关键想法，而且足够简短！

## 关于“分享与反思”环节的实践小贴士

**里洛**

引导情境中颇具挑战性的就是计划好足够的时间对当下的结果进行分享和反思。直到现在，我还是会低估分享和反思所消耗的时间。

有 3 种主要状况影响着分享所花的时间。第一，文化习俗。比如，德国和瑞士的参与者往往比北欧国家的参与者所需时间更短；意大利的参与者比印度的参与者更健谈。第二，团队的发展阶段处于早期发展阶段的团队似乎要比已经运转起来的团队花费更多的时间来做分享。第三，公司文化和参与者的习惯。有的人注重结果和目标，而有的人则花更多的时间思考和辩论。分享和反思的时间取决于当下的情境、动态和话题。在前期的设计阶段要做好符合团队常态的时间分配计划。

想要更好地把控分享时段，可以试着控制团队的规模，小团队会完成得更快；还可以考虑让参与者使用便利贴或方格卡片总结想法。

# 防范两个终级失误

到目前为止，我们已经在本书中讨论了一些错误。

有趣的是，我们发现我们邀请来分享经验的合作伙伴们也强调了这些风险。伊莱 · 德 · 弗兰德的第三条建议就是确定工作坊的“真正”目标，奥利弗 · 克纳普曼为没有与客户明确目标付出了代价。本书第 2 章是关于明确目标的内容，这部分内容可能值得你再多读一读。

在这里，我们还想分享两个终极失误，让大家避免它们。

## 失误 1：空间过于狭小

狭小、闷热且没有多少自由活动空间的场所真的让人烦躁。引导师布莱尔犯过一次这样的错误，参与者都很反感。

虽然不算太糟，但正如温斯顿 · 丘吉尔，这位英国政治家在某次演讲中所说的一样：

“我们建造房屋，在此之后，它塑造我们。”

对于你打算用来举办工作坊的房间或空间，在活动开始前一定要格外注意它是否适合。

## 失误 2：布置场所的时间不够

你一定希望在工作坊开始的时候保持镇定和冷静，那你就要给自己比你认为所需的更多的时间来布置场所。留出额外的 15 分钟来让自己做好准备，以避免最糟糕的情况发生。

## 如何储存积木块？

如果你没有非常多积木要处理，那你读到类似“如何储存积木”这么基础的话题可能会觉得有些奇怪。而一旦你所使用的积木套装增多，你就会发现自己着实烦恼于存储问题。

首先，我们想说的是，这件事没有“正确”的方法，你要找到适合自己的解决方案。不过，有两种储存理念值得注意，它们分别是：一大堆 <<<>>> 整齐地排列和存放。

我们有一位专业引导师朋友简很推崇“一大堆”的主意。她有一个带轮的大行李箱，里面装着她所有的积木，还有一些其他物品。

根据工作坊的需要，她会把积木自由组合成一堆或几堆。

这种方法的好处是不需要花时间对积木进行分类。正如简所说，生活是随机的，就如同随机分配的积木，这绝不是坏事。

对于小型工作坊，布莱尔也使用“一大堆”的方法，但他同时也可以从大分类盒中挑选积木。

进行第二级别构建（共创模型）和第三级别构建（系统模型）的多天工作坊更适合采用有序的积木摆放方法。

这两个级别会使用特别的积木为特别的目标服务，比如，底板——作为搭建共创模型的基础，特殊的刚性和柔性连接件——用于标记优先级和构建系统模型。这些积木最好分开摆放。

如果积木被分开摆放，当有人寻找一把钥匙、一个放大镜、一个火箭舱、一笔钱、一颗钻石或一条鲨鱼以便讲述他们心中的故事时，会更容易找到它们。

带分格的塑料托盘在景观和身份套装以及连接套装中都有附送，但不便于携带。你可以准备有盖子的托盘（第 209 页展示的是去掉盖子的托盘），使积木能有序存放并容易带走。你还可以买一个质量好的带轮行李箱！

# 用视频把想法记录下来

乐高®的视觉特性是它的优势之一。相较于口头交流，人们更容易记住借由模型交流过的想法。

**我们在第 5 章中提到，搭建出的模型可以拍照制成海报和其他材料，在工作坊结束后让创意保持活力。**

**视频是另一种记录形式，让人们铭记搭建了什么及其意义。**

**当你把每个故事都录下来并投影到大屏幕上时，观看视频的每个人都能看到那些灵动的想法。**

**这种方式在大型会议或工作坊中很适用，有助于在更大的团队中间、从一张桌子到另一张桌子中间分享想法。如果你录下了这些视频，你也就永久地记录下了这些关键想法。**

投影的一个简单的技术方案是，用一根数据线将一个外部 USB 摄像头接入连接投影仪的笔记本电脑。

另一种方案是通过无线网络将连接投影仪的电视设备与手机终端相连。

这个方案的优点是连接线少一些。第 211 页的照片显示的正是这种设置。

无论使用哪种方案，都需要掌握相机的操作技巧，确保拍摄时不会抖动，记录下模型需要仔细观察的部位时，图像分明，音频清晰。

如果操作不够熟练，拍摄时就会有晃动的镜头，使人们的观看体验不佳，而之后，视频也没有什么保留价值。

你还需要请房间里的每个人都保持安静，这样才能录制出高质量的音频。

如果你想将视频上传到社交网站上，那你可以建立一个私人链接与工作坊参与者分享。即使视频质量不够理想也不用过于担心，有些平台能消除画面抖动并增强亮度。

当你计划好了要录制视频时，要再留出至少 20 分钟的时间进行布置，并且带上所有的设备和数据线，选择一个最佳的录制位置。要注意的是，一些地方的无线网络不能很好地支持视频传输。因此，我们会带着自己的无线路由器到现场。

# 第 7 章

# 乐高工作法实战升级

SERIOUSWORK

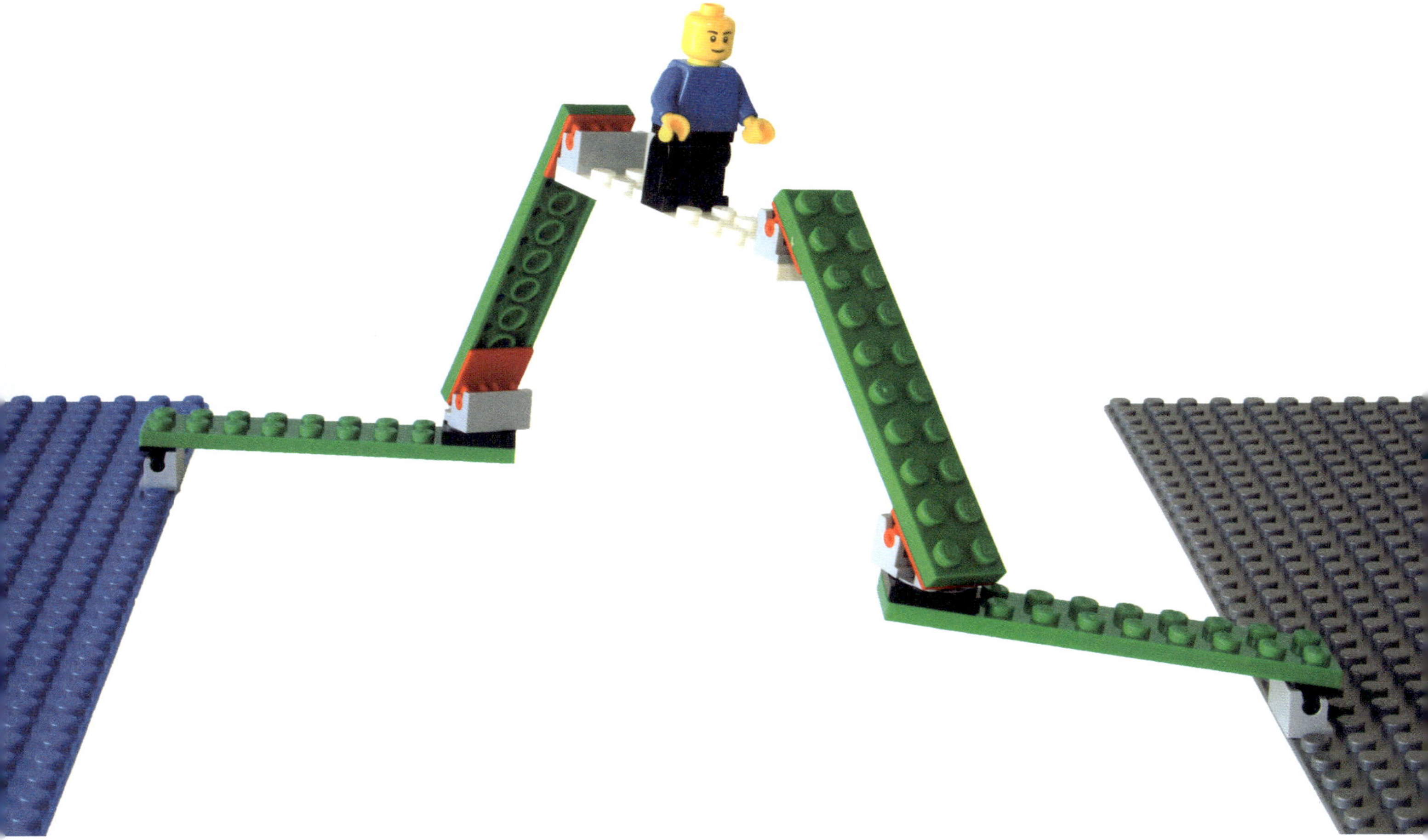

如果你想攀岩，那你可以读一本关于如何攀岩的实操手册。

但这并不一定能帮助你安全顺利地沿着绳索攀岩。

要真正理解如何去沿着绳索攀岩，你需要一个聪明的老师提供帮助，他需要知道如何打结，指导你在现实世界中进行实战。

一些“动手”技能最好通过“动手”操作获得。

**本章目标：**

- 概述成为大师级引导师的 3 个路径。

有些技能只能通过实践才能掌握。所谓的“经验性知识”是学习如何在实践中顺利地实际操作的唯一方法。这种“怎么做”的书籍提供了“命题式知识”。

关于如何开车、如何进行心肺复苏（心肺复苏也被称为“生命之吻”）或如何攀爬绳索之类的书在市面上应有尽有。但仅凭阅读这些书，而没有实践和聪明的老师的帮助，你就无法安全地、顺利地完成这些事情。

“命题式知识”是一种你从读书中获得的知识，充其量只能使实践者觉察到自己能力不足。

要想成为有能力的专业引导师或者大师级引导师，就必须在实践中学习。

我们建议那些没有体验过乐高工作法的读者，在开始阅读本书时要达到引导能力矩阵的第一阶段。

大多数认真阅读了整本书的人现在可能处于引导能力矩阵的第二阶段（一些已经熟悉引导流程的读者可能会觉得自己现在处于第三阶段）。

用户对本书早期版本的测试表明，仅阅读本书不足以有技巧地引导（到达第三阶段），也许有些引导师，包括我们的老师，可能认为制作一本“怎么做”的书来尝试和教授这样一个动手过程十分愚蠢。

在撰写本书时，我们有两个目标：一个是让你了解如何引导以乐高工作法为基础的会议和工作坊，另一个更深层次的目标是推广一个精彩而强大的方法。

说明乐高工作法是如何运作的，从而让一些人有兴趣了解更多。这就是我们希望这本书能做到的。我们希望它能帮助你充分理解乐高工作法，让你会有兴趣了解更多。

我们希望，通过说明乐高工作法的过程，在某种程度上能帮助推广这个我们已知的绝妙而强大的方法。

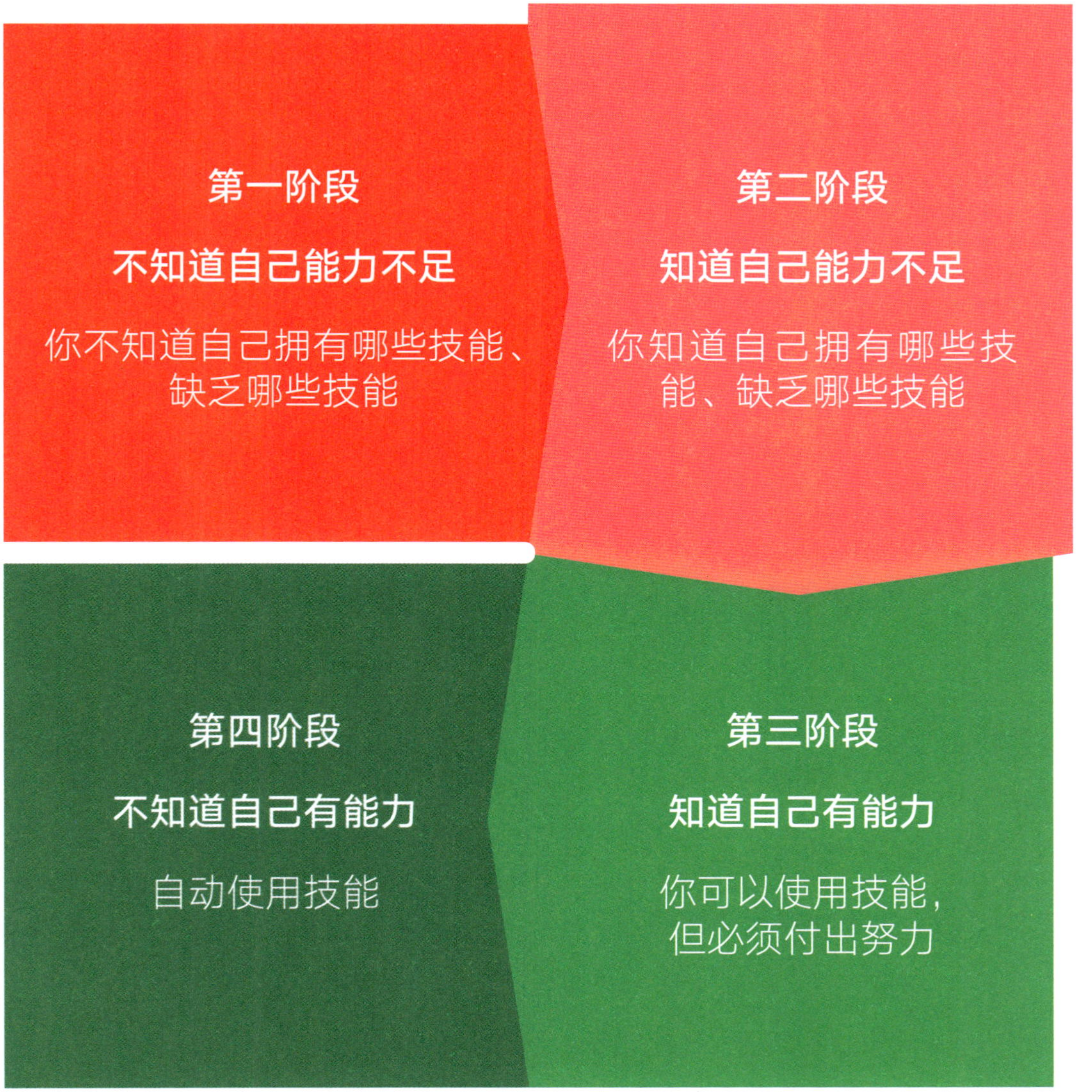
第一阶段
不知道自己能力不足
你不知道自己拥有哪些技能、缺乏哪些技能
第二阶段
知道自己能力不足
你知道自己拥有哪些技能、缺乏哪些技能
第三阶段
知道自己有能力
你可以使用技能，但必须付出努力
第四阶段
不知道自己有能力
自动使用技能

引导能力矩阵

幸运的是，我们或许在实现你心目中的两个目标方面取得了一些进展。

## 3 种练习路径

发展乐高工作法的技能有 3 种显而易见的路径：

1. 单独练习这些方法；
2. 与专业引导师一起体验整个过程；
3. 参加培训项目。

你可能会发现这些路径的组合是发展技能的最佳方法。

### 1. 单独练习这些方法

本书旨在支持你发展第一级别构建能力：个体模型构建技能。

我们鼓励你发现或创造一个低风险和友好的环境，用以：

- 练习开展目标设定工作坊；
- 尝试开展技能构建工作坊。

在此之前，要先设置一个安全空间来探索一个对你的团队或组织很重要的主题。

你可以买一些积木，尝试一些更简单的练习，看看效果如何。

通过任何测试环节，包括一对一，确保你能评估自己的表现。

每次练习环节之后进行复盘是明智之举。

这将是一个机会，你可以看到什么方面进展顺利，但更重要的是得到一些反馈，知道什么可以变得更好。

让参与者知道他们可以坦诚地给予反馈。在团队中，如果采用口头反馈的形式，前面人给予的反馈往往会成为后面人的规范，这限制了有用反馈的范围。你可以考虑将问题写在反馈表的反面，这样可以获得一些简短的书面反馈。

### 2. 与专业引导师一起体验整个过程

进行体验式学习的好方法是参加由专业引导师举办的工作坊。

你既可以体验本书中的一些想法（毫无疑问，它们有明显不同的调整和不同的重点），也可以观察实践中的引导师。

如果你所居住的国家 / 地区有乐高®认真玩®聚会，那这不失为了解更多信息的好方法。

## 反馈问题

**在第一次会议或工作坊之后，你可以提出的反馈问题有以下几种：**

- 1 ~ 5 分（5 分为高分），你给这个工作坊打几分？
- 成功提升至 5 分需要做什么？
- 有什么不清楚或令人困惑的地方吗？
- 如果我们再次举办工作坊，你觉得有什么小的方面有助于改善它？
- 有什么地方我能做得更好吗？
- 本次工作坊在实现目标方面的效果如何？
- 在我的引导过程中，我有没有在哪里看起来像是在挣扎？
- 你在使用乐高工作法技能时，体验到了哪些优势？
- 你在使用乐高工作法技能时，体验到了哪些弱点？
- 你还有什么要告诉我的吗？

有时书面的反馈质量更高，但要及时反馈，而不要留到以后。如果你计划获得反馈，请在规定的时间结束前留出 5 分钟的时间。

## 乐高®认真玩®Meetup 聚会

“Meetup 是一个在线社交网站，为世界各地线下的面对面小组工作坊提供便利。Meetup 会员可以加入或组成兴趣小组。”

我们于 2014 年在伦敦创立了乐高®认真玩®Meetup 聚会，并鼓励我们的同行在其他城市和国家设立乐高®认真玩®Meetup 聚会。

现在，全世界有 40 多个 Meetup 聚会团体。

请注意，这些聚会没有质量控制，一些 Meetup 聚会由非专业人士组织。因此，你最好在报名前阅读 Meetup 的评论。Meetup 聚会并不是销售宣传的手段。

体验乐高工作法的另一种方式是参加会议。敏捷社区已经开展过这样的活动了。

如果你正在组织某种供人们交流实践经验的会议，那可以考虑邀请乐高工作法的引导师来引导会议。如果你和本书的撰稿人之一住在同一个城市，那可以考虑请其中一人来举办一个工作坊。

### 3. 参加培训项目

培训课程是学习更多关于乐高工作法的推荐途径，尤其是那些致力于毕生帮助人们共同工作的专业人士。

如果你正在考虑参加乐高工作法引导师培训课程，请先问问自己：我计划为哪些会议、工作坊、项目或其他应用场景提供引导？

你需要哪种类型的培训？要回答这个问题，一个好方法是思考一下你将领导或引导的会议或工作坊，或其他的应用是什么类型的。后面的内容可以帮助你评估不同应用场景可能需要的技能类型。

## 构建你所需的能力模型

第一级别构建的引导：个体模型能够增强你对任何问题的沟通、解锁学习、设定目标、提供反馈或指导。仅通过这一级别，就可为多种会议提供引导。

但是，如果你需要帮助团队就他们共同关注的团队愿景等问题达成共识，则需要了解在第二级别如何引导。

本书重点介绍了第一级别构建。这是所有乐高®认真玩®工作坊的基础，在这一级别你已经可以做很多事情。

市场上有时长较长的培训，也有时长较短的培训，你可以从中选择最适合自己的。

我们建议，在你决定要参加哪种能满足你的需求的培训课程之前，有必要明确你想引导什么。

## 考虑培训？问问自己，我想要引导什么？

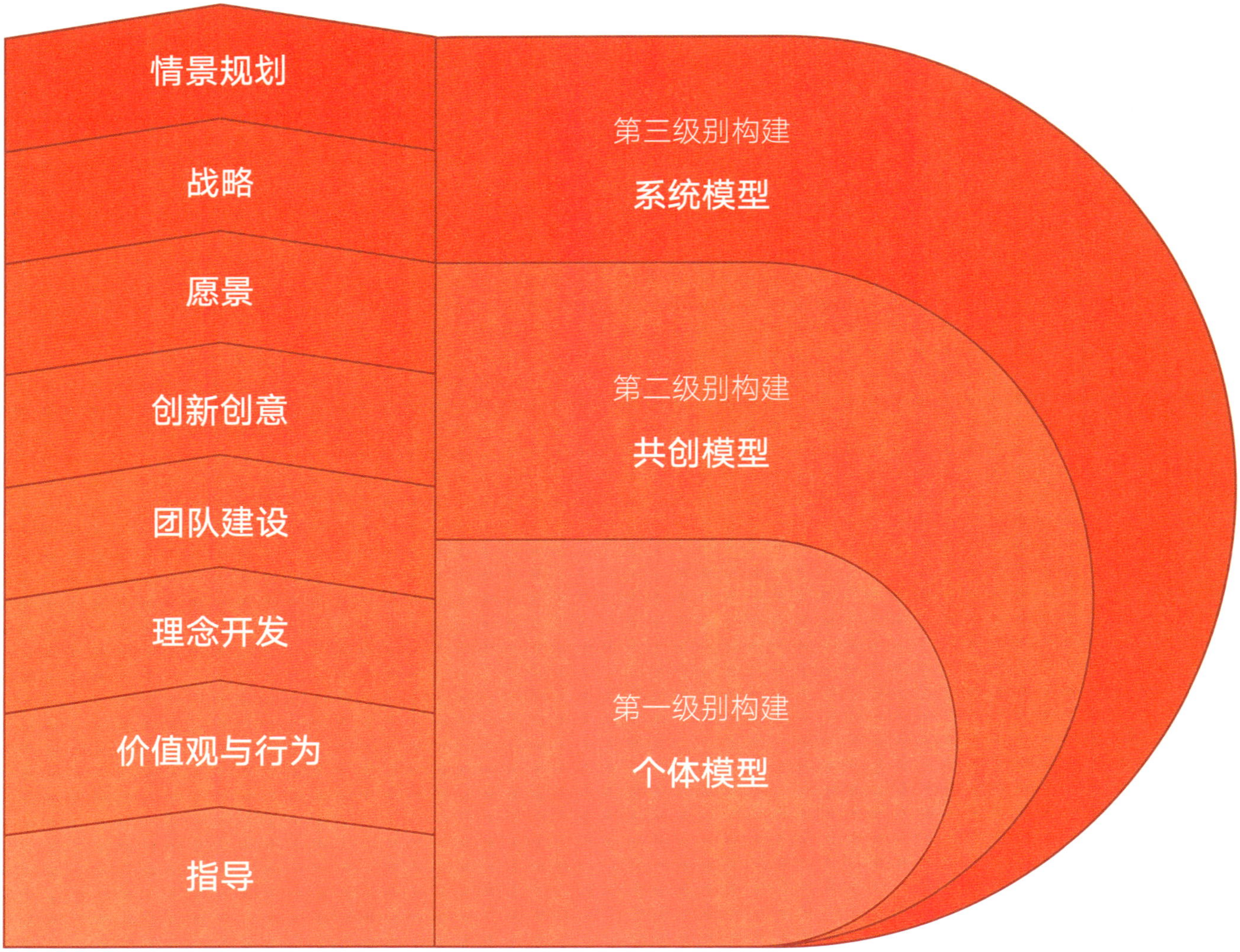


三级构建能力及其应用场景

# 我需要哪一级别的技能？

有助于你承担不同的工作和责任的那种技能。

## 高级技能

## 第三级别构建：系统模型

创建情景来探索动态系统和实时策略。理解、改变和发展简单指导原则。建模、分析并重新设计流程和系统。理解外部因素和内部因素是如何影响目标的。

## 中等技能

## 第二级别构建：共创模型

就大家共同关心的话题达成共识。开发共同的愿景、目标、方向、计划、战略和心智模式。建设团队，设计新的服务模式，引导创新。用乐高工作法来创建更深入的达成共识的流程。

## 核心基础技能

## 第一级别构建：个体模型

在任何问题上都可达到增强沟通的效果。开发想法，建立信任。管理员工，设定目标，提供反馈。引导师和教练。探索价值观与行为并达成共识。解锁个人和团队在任何问题上的沟通和学习。

在出版这本书的时候，市场上只有一本关于乐高工作法的书，即《玩出伟大企业——如何用乐高 积木实现商业创新》。这本书阐述了乐高工作法的历史、应用领域及其背后的科学，并提供了一些简短的案例分析。

越来越多的乐高工作法应用案例已经得到了广泛的研究和使用，你可以在网上找到很多。

写作和设计这本书是一个十分有趣的经历。但它实际上仅展示了乐高工作法的表面。

还有许多关于乐高工作法的东西未在书中提到或详述。乐高工作法在更高的构建级别具有令人难以置信的力量，随着方法的升级，并与其他优秀的流程相结合，乐高工作法可以发挥更大的潜力。

我们希望这本书有助于促进乐高工作法在实践和教育中不可阻挡的进化和发展进程。

# 结语

## 乐高工作法，用乐高 ® 颠覆惯性思维、释放团队潜能、推动企业变革

感谢你阅读本书。我们希望你能喜欢它。

这本书从一个愿景徐徐展开。我们真诚地希望看到乐高工作法最终变得像白板纸和马克笔一样普遍。我们希望看到乐高工作法广泛应用于各类企业和学校，被各行各业的教练和辅导顾问所采用。我们还希望，它能成为新一代领导者使用的工具，特别是那些重视参与、信奉并实践引导式领导理念的领导者。

我们生活在一个充满挑战的时代。

人类还没有学会如何彼此和平相处，还没有学会如何与我们的家园——地球和谐相处。我们的潜在挑战之一就是真正地、深刻地相互理解，并改变我们看待自己所面临的复杂问题的方式。

我们认为人类有 4 种知识。

- 主导模式的知识，这存在于我们的想法和理念之中。嘿，大脑！你还真以为是你说了算。
- 来自身体的知识，如感情、直觉和充满智慧的手。
- 来自内心的知识，来自那颗与我们所爱的人一起翱翔或疼痛的心。
- 来自精神或灵魂的知识。

乐高工作法的精妙和伟大之处在于，它与大脑和身体的知识相互吸引和共鸣。诚然，那些塑料的小积木很难触动心灵和灵魂层面的知识。然而，如果将乐高工作法与更深层次的人际互动相结合，那么这将有助于创建心灵和灵魂层面的对话，并揭示乐高 ® 系统模型所展示出的洞见。那些洞见可以触及我们的感情，丰富我们的精神——这是一个令人向往的前景。

如果我们都能成为更好、更具参与性的领导者，并利用乐高工作法的系统力量产生更有意义的、更深入的和可持续的世界观和想法，那会怎么样呢？也许，乐高工作法会成为能改变世界的工具。

这是一个异想天开的愿景吗？

也许，也只是也许！

# 致 谢

牛顿有一句名言:“如果我看得远，那是因为我站在巨人的肩膀上。”我们不能说自己比前人看得更远，我们只是撰写了这本书，这要感谢那些发明并发展了这种方法的聪明人，若没有他们，此书无法成形。

我们要感谢所有创造并支持乐高工作法的人，感谢他们让这本书的出版成为可能。

我们还要特别感谢我们的老师罗伯特·拉斯穆森、佩尔·克里斯蒂安森（Per Christiansen）和杰奎琳·劳埃德·史密斯（Jacqueline Lloyd Smith）。他们教会了我们乐高工作法，并且作为早期传授这一方法的先驱者，值得我们尊敬。

我们有幸曾与成百上千的引导师展开过交流，他们是一些创意人士和全世界“专业认真玩”在线社区的成员。这些年来的交流与探讨为我们提供了丰富的学习机会。在此，感谢所有发表过问题、案例研究和评论的人。

## 乐高®基金会

当我们萌生写这本书的想法时，联系的第一个人就是乐高®基金会的杰特·奥德纳（Jette Orduna）女士。我们十分感谢她以及乐高®基金会允许我们编写本书。

我们还想对以下组织和个人表示感谢，感谢他们在本书创作过程中给予的帮助。

## 客户

本书的核心部分是第 5 章。在这一章，我们使用了真实案例来帮助读者了解在引导工作坊过程中会遇到的各种实际问题。

如果没有 Telia 电信公司、Manifesto 数字公司、Future Learn 和 IHG 研究客户的慷慨支持，允许我们使用并分享这些故事和照片，本书将无法完成。

特别感谢：来自 Telia 电信的卡尔·安东和交互式网络电视团队；来自 IHG 的彼得·布伦纳、Edward Bigold 以及团队；吉姆·鲍斯和 Manifesto 数字公司团队；瑞塔·费韦雷罗以及 Future Learn 团队的各位。

我们要感谢所有的客户，对任何一位引导师来说，最大的学习收获都发生在工作坊中。我们非常感谢他们在每一次工作坊中给予我们的支持和信任。

## 与照片有关的伙伴

多年来，我们在工作坊中都会拍照，为客户记录所发生的事情。我们拍摄时，并没有料到会编写这样一本书。但乐高®就是这样一个视觉工具，促使我们做出这样一本书，其中有大家在工作坊中使用乐高®认真工作的彩色照片，我十分感恩这一点。

特别感谢 Julien Carlier、Mieke Barbé、Agnieszka Ziemianska、David Lardier、Karin Krogh、Thomas Vig、Hans Ravnkjær Larsen、Valérie Guillet、Anette Palm、Janet Skorepa、Deborah Sexton、Richard Tyrie、Federico Toja、Serge Radovcic、Axel Pawlik、Jochem de Ruig、Kaveh Ranjbar、Paul Rendek、Andrew de la Haye、Dr Marianne Guldbrandsen、Milad Ahmed、Richard Ball、Christina Lindeberg、David Dawson、James O'Halloran、Louise Prideaux、Linda Drew、Karen Brown、Elizabeth Rouse、Lawrence Zeegen、Laura Gander-Howe、Anna-Liisa Reinson、Inga Keldo、Kaspar Kalve 和 Justin Buck。

感谢乐高®艺术家肖恩·肯尼允许我们复制他的乐高®北极熊系列雕像之一的照片。还要感谢他工作室的 Michi Yahata 的帮助。

## 那些帮助过我们的测试人员和校对人员

我们很幸运能在本书的校对和某些想法的测试上获得帮助。尤其要感谢 Caroline Jessop、Paul Brown、Tammy Seibert、Kersti Peenema、Madis Talma，多亏了你们，这本书才变得更好。谢谢你们。

## 为本书的出版做出贡献的伙伴

我们非常感谢合作伙伴分享他们的经验、建议、故事和见解。你们的杰出贡献让这本书更加完善。感谢你们的信任，让我们一起创造乐高工作法的未来。

感谢 Dan Start 出色的出版建议和 Paul Siodmok 设计了如此精美的封面。

# 译者后记

## 工作中这样玩乐高®

### 为什么选择翻译《乐高工作法实战手册》

20世纪30年代，乐高®积木玩具问世，到90年代末，乐高®认真玩®的理念被推出，乐高®这个充满活力的灵魂在多方面成就了人类解决问题的天性，因而广受赞誉。

因为认同乐高工作法，因为喜欢书中实用的内容，因为参与乐高工作法引导课程的缘分，我们同这本书的作者成为朋友，并进行了频繁的联系和探讨。本书作者布莱尔致力于引领新思考，他活跃在国际专业引导师协会中，他也是世界范围内乐高®认真玩®社群中第一方阵的实践者。在 Meetup 平台全球 40 多个小组中，就有由他创建的位于伦敦的第一个练习小组。根据布莱尔的介绍，另一位作者里洛在最初成就乐高®认真玩®理念的"想象力实验室"成员的指导下，完成了有关战略管理的博士研究，随着与乐高工作法建立了越来越深厚的感情，他同样创建了拥有几千名会员的社群网站。我们看到，两人不限于自我钻研，而是组织结伴。我们对与人们并肩发展、建立社群，并不断取得智慧的碰撞的这种做法表示赞赏。在充满复杂问题的世界中，参与者越多，意味着角度越广，得到的解法也会突破局限，成就真正的先进。

### 乐高工作法是什么？有什么好处

乐高工作法是由 IMD 的两名教授开发的一套系统化、创造性解决商业问题的方法，借助乐高®积木，以耳目一新的形式和出人意料的产出效果，被许多世界知名企业、学府等组织和机构竞相使用。乐高®积木玩具为何能够成为工作场所中的助手呢？我们体会到它的高明之处在于以下几点。

#### 左右全脑并用

乐高工作法天生自带左右全脑启动属性。左脑擅长关注细节、数据和逻辑，右脑更关注想象和直觉。当你用双手拿起乐高®积木时，左右脑都会被开启，右脑进行全局构想，左脑则着重把构想一步步、系统性搭建起来；而有时当右脑想象阻滞时，左手随意先搭起来的三四块积木，它们的颜色、形状、组合，搭建时的触觉、"咔嗒"声、感觉等就会帮你冲破阻滞，打开你的记忆和想象，帮助你完成完整的构想。

#### 无限创新井喷

除了天生"利智"，乐高工作法的结构化流程设计既简单又有力，创新创意在它的引领下很容易井喷。因为它的流程含有 3 个重要的创新动能：

- 思维热身：与做运动之前需要热身一样，思维也需要热身，乐高工作法前端的流程设计让僵硬的、惯性的思维活动起来，让思维连接处的润滑剂滋生出来，以蓄势待发的状态进入商业正题。
- 移除限制：当限制和评判出现或潜藏时，创新和创意会不敢出来。而在乐高工作法中，氛围完全开放，玩乐即创造，分享即共创，任何评判在这里都是不存在的。可行性等现实因素会在流程前期被充分激发释放。

- 穷尽连接：当构想商业问题的解决方案时，通常前几个主意都是常见的，原本已经想到了的，用乐高®搭建来回应商业问题，越到后来搭建的挑战越大，同时，也越能建立从未有过的事物、时间、空间、记忆、想象之间的连接，新的连接产生新的创意。

### 3D 打印思想

在创新创意井喷之时，我们可以赋予任何一个积木任何意义，认真而无拘无束，正因如此，乐高工作法让参与者以独特而简单的方式 3D 打印自己的思想，打印出意识里的深层想法，从未拼接过、新创造出来的想法，甚至可以打印出潜意识、无意识里的想法和念头。思想不知不觉中经我们的双手转换成了乐高®模型。

### 视觉化深度沟通

当参与者一手托着乐高®模型，一手指着模型的部分，讲述起模型蕴含的故事时，聆听者边看边听，围绕眼前的模型，对它的整体或细节、过去或未来、结构或感受等提问和回答，讲述者、聆听者的视、听、动三觉被充分地调动起来，思想互相碰撞，把更多潜意识、无意识的东西带到意识中概念化，“在此刻、在这里赋予它意义”。

### 系统性集体创新

创新从个体的独奏拉开序幕，随着流程的指挥，各个乐手带着自己的乐器系统性地加入进来，各有特色，互为补充，在乐高工作法的引导下相互连接、整合，顺势演奏出一曲团队创新的交响乐。

## 我们可以用乐高工作法来解决哪些问题

乐高工作法在工作中的应用十分广泛，许多需要发挥集体智慧的问题，都可以通过它来解决。最常见的应用是书中所详述的 5 大场景：

- 公司创立初期或转型期常常要考虑的重要问题，我们的企业为何而存在，长远来说，我们希望企业发展成什么模样？乐高工作法引导大家探索企业的使命和愿景，并将其视觉化。
- 公司在初创、收购兼并、跨国扩张、急速发展等情境中，乐高工作法可以用于共创企业价值观以及对其达成共识，吸引和凝聚具有共同信仰的员工，让大家以一致的行为规范开展高效的合作。
- 在公司战略制订和复盘时，乐高工作法是一个既新颖又有力的引导方法，能让员工充分发挥左脑的细节、数据和逻辑以及右脑的全局、感性和直觉的作用。
- 公司在任何发展阶段要取得成功，都离不开高绩效的团队，用乐高工作法建设高绩效团队可以让成员生动呈现各自的不同，发挥个性优势和多元化的力量，共同搭建理想团队，用行动推动团队的发展。
- 当企业想探索新的商业模式、产品团队想研发新的产品、运营团队想找出新的解决方案、市场销售想开发新的推广和销售方法时，乐高工作法就是让创新创意井喷的不二之选。

## 这就是全部了吗

人们的生活方式正在发生转变，“工作”这个概念也不再局限于企业现场，我们发现个体生命的方方面面过程都关乎其效能。而每个个体又是复杂的，精神世界彼此不同并且捉摸不透。如何找到并激励人们的内在力量成了超流行的话题，是大家竞相努力去打开的密码锁。

我们用乐高®带领人们谈亲子沟通时，一位家长展示自己已经了解到，在交流时时常背对对方，沉浸在自己的世界中，只听自己想听的内容，是不可取的。

我们用乐高®带领人们谈危机中的机会时，一位伙伴反思了自己的定位，感触到行动才是价值体现，于是便邀请我们参观了他的公司的新文化宣传标语！

我们用乐高®带领人们谈个人的未来发展时，大家不仅重新定义了自身优势，更是找到了自信。一位参与者隔日发来信息，分享说内向这个特质不再是她的绊脚石，她现在在人际关系中找到了一种如鱼得水的感觉！

乐高工作法就是一把钥匙！当大家的手接触到积木时，就像发动了天生技能，每一位参与者都创造出令自己惊艳的模型，听到意料之外的心声。只有找到的心声足够真切，被听到得足够切实，人的动力才会提升。这也是人们在谈论过问题、拆散了积木、离开了现场后，就真的热情地将想法付诸行动的原因！

临近2020年的尾声，我们与湛庐出版团队一起开展乐高®认真玩®工作坊，讨论书的推广；与来自8个国家的学习者一起玩乐高®，分享新年的合作愿景；与青年成长社区计划寻找人生意义的转念活动……

乐高工作法起始于创意，开放源码后更是吸引了无数新想法，更丰富的实践和解释不断激发它的魅力。

一起这样玩，激活想法吧！

# 未来，属于终身学习者

*我这辈子遇到的聪明人（来自各行各业的聪明人）没有不每天阅读的——没有，一个都没有。巴菲特读书之多，我读书之多，可能会让你感到吃惊。孩子们都笑话我。他们觉得我是一本长了两条腿的书。*

*———查理·芒格*

互联网改变了信息连接的方式；指数型技术在迅速颠覆着现有的商业世界；人工智能已经开始抢占人类的工作岗位……

未来，到底需要什么样的人才？

改变命运唯一的策略是你要变成终身学习者。未来世界将不再需要单一的技能型人才，而是需要具备完善的知识结构、极强逻辑思考力和高感知力的复合型人才。优秀的人往往通过阅读建立足够强大的抽象思维能力，获得异于众人的思考和整合能力。未来，将属于终身学习者！而阅读必定和终身学习形影不离。

很多人读书，追求的是干货，寻求的是立刻行之有效的解决方案。其实这是一种留在舒适区的阅读方法。在这个充满不确定性的年代，答案不会简单地出现在书里，因为生活根本就没有标准确切的答案，你也不能期望过去的经验能解决未来的问题。

而真正的阅读，应该在书中与智者同行思考，借他们的视角看到世界的多元性，提出比答案更重要的好问题，在不确定的时代中领先起跑。

## 湛庐阅读 App：与最聪明的人共同进化

有人常常把成本支出的焦点放在书价上，把读完一本书当作阅读的终结。其实不然。

---

**时间是读者付出的最大阅读成本**

**怎么读是读者面临的最大阅读障碍**

**“读书破万卷”不仅仅在“万”，更重要的是在“破”！**

---

现在，我们构建了全新的“湛庐阅读”App。它将成为你“破万卷”的新居所。在这里：

- **不用考虑读什么，你可以便捷找到纸书、电子书、有声书和各种声音产品；**
- **你可以学会怎么读，你将发现集泛读、通读、精读于一体的阅读解决方案；**
- **你会与作者、译者、专家、推荐人和阅读教练相遇，他们是优质思想的发源地；**
- **你会与优秀的读者和终身学习者为伍，他们对阅读和学习有着持久的热情和源源不绝的内驱力。**

从单一到复合，从知道到精通，从理解到创造，湛庐希望建立一个“与最聪明的人共同进化”的社区，成为人类先进思想交汇的聚集地，与你共同迎接未来。

与此同时，我们希望能够重新定义你的学习场景，让你随时随地收获有内容、有价值的思想，通过阅读实现终身学习。这是我们的使命和价值。